Verena Zürcher

Bildung
beginnt in der
Natur

Naturpädagogische
Entdeckungsreise
für WegbegleiterInnen
von Kindern

Landverlag

Wo Liebe ist, gibt es keine Furcht;
wo Geduld ist, gibt es keinen Zorn;
wo Fröhlichkeit ist, gibt es keinen Geiz.

Franz von Assisi

Impressum: © Landverlag 2020, Illustrationen: Andrea Modesti, Fotos: Verena Zürcher, Korrekturen: Monika Künzi Schneider, Satz: Daniela Bornet, Druck: CPI Ulm, klimaneutral auf FSC-Papier, ISBN: 978-3-905980-38-7, www.landverlag.ch

Inhalt

Vorwort	8

1 THEORETISCHES

Schule des Lebens	12
Die Macht der Theorie	13
Die Natur, die Wissen schafft	16
Kinder lernen spielend	18
Im Kleinen liegt Grosses verborgen	20
Schulisches Wissen versus «unnützes» Wissen	22
Jedem Wald liegt ein Zauber inne	26

2 POETISCHES

Kinder lechzen nach Geschichten und Märchen	30
Das Abenteuer des Stadtfuchses	31
Ein Tag im Leben von ... oder Wer bin ich?	48
Garten – Park – Allee	49
Bäche – Teiche – Flüsse – Auen – Feuchtgebiete	62
Wald – Hecken	76
Wiesen – Felder	104
Flachmoore – Hochmoore (Regenmoore)	114
Voralpen – Gebirge	124

3 PRAKTISCHES

ABC der kunterbunten, erprobten Spiele für Familien und Klassen	140
Ideen für den Unterricht in der Natur	165

Natur Mensch Gesellschaft NMG	171
Feuer, Rauch und Asche	171
Multikulturelles Kochen und Lernen am Lagerfeuer	177
Das perfekte Lager – für Mensch und Tier	180
Spurensuchen	189
Ökologie auf den zweiten Blick	195
Wie man sich den Tieren in der Wildnis annähern kann	198
Projekte mit externen Fachpersonen	205
Rollenspiele, Gruppenwettkämpfe und Zeitreisen	209
Mittelalterliches Leben	212
Mathematik	217
1. Distanzen	217
2. Ziffern, Zahlen & Platzhalter	220
3. Zählen, Schätzen & Diskutieren	225
4. Wägen, Messen & Bezahlen	227
5. Allerlei aus dem Wald	230
6. Zeit	234
7. Formen, Figuren und Körper	238
8. Brüche	238
Deutsch und andere Sprachen	241
Klare Regeln und klare Kommunikation	241
Der Naturbriefkasten	244
Fragen an den Einsiedler	245
Wir debattieren über Kuriositäten und Fakten	246
Wistel und Wastel in der eigenen Märchenwelt	249
Auch Grammatik geht im Wald	252
Musische Fächer (Sport/Gestalten/Werken)	259
Wo endet der Weg?	259
WaldART	259
Steinzeitolympiade	259
Nachwort	262

Vorwort

Liebe Leserinnen, liebe Leser

«Die wahre Bildung besteht nicht in totem Wissen und leerem Gedächtniskram, sondern in lebendiger Entwicklung des Gemütes und der Urteilskraft», formulierte Ernst Haeckel. Er wurde 1824 in Deutschland geboren und war Mediziner, Zoologe und Philosoph. Seit genau hundert Jahren ist er tot – doch seine Definition von Bildung fasziniert noch immer und bewahrheitet sich immer wieder aufs Neue. Bildung ist mehr als Wissen. Sie beginnt meiner persönlichen Meinung nach in der Natur. Und mit Geschichten. Das ist eine Erkenntnis, von der ich denke, dass sie ganz vielen Wegbegleiterinnen und Wegbegleitern von Kindern helfen kann. Nicht nur als aktive Pädagogin gelange ich mehr und mehr zur Überzeugung, dass Kindern der heutigen Zeit die Möglichkeit genommen wird, vernetzt und kreativ zu denken, poetisch zu fantasieren und handelnd zu erproben und zu erfahren, was sie sich als Wissen aneignen sollten.

Auch als Mutter und als langjährige selbständige Unternehmerin ist mir klar geworden, dass Menschen mit einer gewissen denkerischen Flexibilität, Toleranz und Kreativität im Alltag – und besonders im Berufsalltag – besser klarkommen, ausgeglichener, zufriedener und mitfühlender sind. Was mehr als das könnten wir uns für unsere Kinder wünschen! Wir erwarten viel von den kommenden Generationen – und wir bürden ihnen jede Menge Verantwortung auf. Darum sollte ihre Kindheit nicht geprägt sein von Misserfolg, Angst und mangelndem Selbstwertgefühl.

Der Leistungsdruck ist hoch – die zu bewältigenden Pensen von Lernenden sind riesig. Da lohnt es sich, umsichtig zu schauen, wo wir als Eltern, Erzieher und Pädagogen Druck wegnehmen können. Natürlich gibt es unendlich viele Theorien, wie und was das Beste für unsere Kinder ist. Natürlich enthält jede Ansicht und jede Theorie Richtiges – und natürlich sind meine Ansichten weder wissenschaftlich noch sakrosankt und das einzig Wahre. Dennoch lade ich Sie ein auf die naturpädagogische Entdeckungsreise, lade Sie ein, sich die eine oder andere Idee, die mehrheitlich praktisch erprobt sind, genauer anzuschauen und vielleicht sogar mit den Ihnen anvertrauten Kindern auszuprobieren. Nehmen Sie dieses Buch also als eine Art Reiseführer, um zusammen mit Kindern durch eine vielfältige, bunte Lernwelt zu reisen.

Gerade mit dem Lehrplan 21 ist es auch für Pädagoginnen und Pädagogen richtig und wichtig, handelndes, kompetenz- und fächerübergreifendes Lernen in ansprechender Lernumgebung in den Vordergrund zu stellen. Kinder sollen mit allen Sinnen erfahren und lernen, wie Aktionen und Reaktionen zusammenhängen. Gerade draussen in der Natur bietet sich diesbezüglich eine schier endlose Spielwiese. Auf diese Spielwiese lade ich Sie ein – und ermuntere Sie dazu, Ihren eigenen und Ihren anvertrauten Kindern möglichst immer wieder die Gelegenheit zu geben, artgerecht zu lernen. Als Menschenkind heisst artgerecht, allen Fortschritten zum Trotz: handelnd, mitten in der Natur, dem schönsten, vielfältigsten, buntesten Lernumfeld, das es gibt!

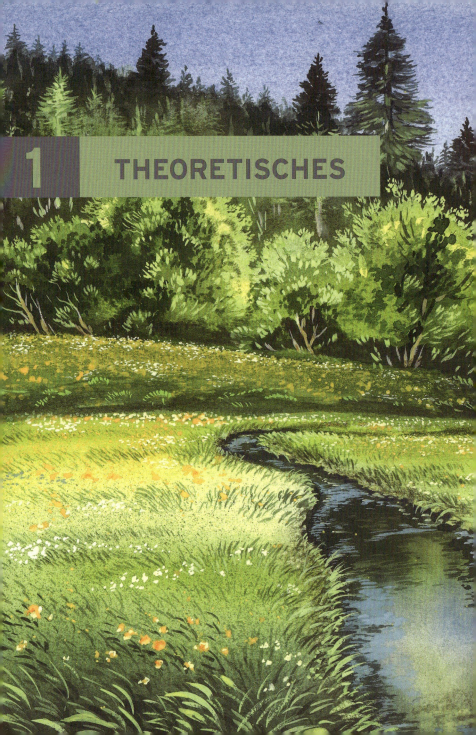

THEORETISCHES

Schule des Lebens

Woran denken Sie beim Begriff Bildung? An Volksschule? An Gymnasien und Universitäten? An die eigene Berufslehre? Oder doch eher an die Fortbildung, welche Ihnen der Arbeitgeber aufzwingt, damit Sie Ihr Fachwissen weiterentwickeln? Sie werden «Bildung» kaum auf Anhieb mit dem Erwerben sozialer Kompetenzen, mit dem Festigen von kreativem Arbeiten oder dem Aneignen von Empathie und Achtsamkeit in Verbindung bringen. Der Begriff Bildung hat sich im Laufe der Historie mehrmals geändert – weil gesellschaftliche Themen und Probleme sich ebenso geändert haben.

Für mich ist Bildung heute primär ein gut vernetztes und jederzeit abrufbares Allgemeinwissen, das nicht nur eine theoretische und wirtschaftliche Welt erfasst, sondern auch eine soziale und kulturelle. Für mich heisst Bildung weiter, dass Menschen sich mit allen Sinnen, mit Fantasie, mit dem Erfahren und dem Sichauseinandersetzen an Wissensbereiche heranmachen – und dabei die Eigenständigkeit, das Selbstbewusstsein und die geistige Beweglichkeit fördern.

Etliche meiner Facebook-Freunde geben bei der Frage nach dem beruflichen Werdegang kurz und bündig «Schule des Lebens» an. Nicht mehr und nicht weniger. Unabhängig davon, ob sie Schreinermeister, Arzt oder Landwirt sind. Diese Menschen tönen also an – egal ob bewusst oder unbewusst, egal ob aus Überzeugung oder Koketterie –, dass ihr eigener Lernprozess immer noch in vollem Gang ist, und zwar immer und überall. Dass nicht neun Jahre Schule oder drei Jahre Berufslehre die Bildung ausmachen, sondern das, was wir tagtäglich von morgens bis abends tun, erfahren, produzieren, verträumen, vergessen, erstreiten. Bildung ist Leben. Leben ist Bildung. Spätestens mit der Geburt beginnt das Lernen, frühestens auf dem Sterbebett hört es auf. Und alles, was dazwischen liegt, ist Lernen, ist Bildung.

Die Macht der Theorie

Wir leben aber in einer Gesellschaft, in der das angebliche Lernen und die Bildung oft auf die Bereiche «Schule», «Berufslehre» oder «Studium» beschränkt sind. Jede dieser drei Ausbildungsstationen hat klare Strukturen, Richtlinien und Einschränkungen, wie das Lernen und der Wissenserwerb vonstattengehen sollten. Und hier beginnt für eine grosse Mehrheit von uns der Leidensweg. Unsere Ausbildungsstätten haben sich zu einem grossen Teil längst von der artgerechten Haltung menschlicher Individuen verabschiedet. Das Extrem, das noch vor hundert Jahren für Unausgewogenheit, für Bevorzugung der einen und Erniedrigung anderer führte, hat sich um 180 Grad verdreht: Welch eine Wohltat war es früher für Kinder der Industriestaaten, welche die Chance erhielten, einige Stunden in der Schule zu sitzen und lesen und schreiben zu lernen – anstatt bis zum Umfallen Gratisarbeit zu verrichten. Dass in diesen Schulen nicht alle gleich behandelt worden sind, ist ein tragisches Kapitel, auf das hier nicht eingegangen wird. Thema ist vielmehr die Umkehrung zwischen Theorie/Schule und Praxis/Kinderarbeit. Mit der Industrialisierung und vor allem mit der Digitalisierung haben Kinder den Zugang zur Praxis zu einem grossen Teil verloren. Das heisst nicht, dass die Digitalisierung schlecht ist, im Gegenteil, auch in der Schule profitieren wir bereits ab der ersten Klasse sehr gut und gerne davon. Aber es ist Pflicht der Erwachsenen, den Kindern den nötigen Ausgleich zur theoretisch-digitalen Welt zu ermöglichen.

Dabei geht es nicht darum, irgendwelcher Kinderarbeit nachzutrauern. Es geht aber darum, dass Kinder wieder die Gelegenheit bekommen sollen, frei nach Heinrich Pestalozzis «Kopf, Herz und Hand» mit allen Sinnen zu lernen und auch praktische Erfahrungen machen zu dürfen: Hinfallen, aufstehen, klettern, springen, etwas anheben, selber etwas reparieren, Gewichte in den Händen halten, mithelfen in der Küche, etwas versalzen oder anbrennen lassen, etwas Feines richtig schaffen, einen Knoten machen, Stränge zusammenbinden und vieles mehr sind Fertigkeiten, die nicht einfach unnütz sind, sondern die Verbindung zwischen Körper,

1 THEORETISCHES

Geist und Seele schaffen – idem sie beispielsweise die Koordination und das Gleichgewicht fördern, die Beobachtungsgabe stärken und mithelfen, dass das Gehirn viele Anknüpfungspunkte für Vernetzungen findet.

Ich freue mich immer, wenn Familien bei uns Kindergeburtstage feiern wollen. Wir haben etliche Tiere, darunter zwei Esel, die liebend gerne mit in unseren Wald stapfen. Obwohl es mehr als eine Stunde aufwärts geht, habe ich noch nie ein Klagen gehört: Esel am Strick führen, kraulen, dem Hund den Ball werfen, die Aussicht geniessen, frische Luft einatmen und sich aufs Feuermachen im Wald und auf den Geburtstagskuchen freuen lenken von aller Müh des oft ungewohnten Bergaufgehens ab. Es ist schön zu sehen, dass immer mehr Angebote in dieser Art entstehen, denn nicht nur in der Schule geht es primär theoretisch zu und her, sondern auch daheim in der Familie. Familie und Schule müssen deshalb Angebote schaffen, welche die Umkehrung ins andere Extrem auffangen und abfedern. Kein Kind profitiert, wenn es nur arbeiten muss – kein Kind profitiert, wenn es nur Theorien auswendig lernen soll. Lernen soll vielschichtig passieren,

denn dann ist das Lernen etwas denkbar Einfaches: Menschen – und Menschenkinder insbesondere – brauchen für erfolgreiches Lernen primär ein inspirierendes Umfeld, eine angenehme, angst- und gewaltfreie Atmosphäre. Und die Möglichkeit, Wissen mit Erfahrungen und mit Erlebnissen zu verknüpfen. Das ist von Hirnforschern wie Gerald Hüther wissenschaftlich dokumentiert und belegt, ist von Kinder- und Jugendpsychologen tausendfach beobachtet und beschrieben und von Pädagoginnen und Pädagogen theoretisch längst erfasst. Und doch verzweifeln immer wieder Menschen – Kinder, Eltern, Lehrer – an unserem Bildungssystem. Weil das theoretische Bewusstsein bei vielen Pädagoginnen und Pädagogen, bei Lehrmeistern, Dozentinnen, Erwachsenenbildnern zwar gefestigt ist, praktisch aber kaum umgesetzt werden kann. Weil es an Möglichkeiten, Geld, Ideen, Zeit, Kreativität oder Mut fehlt. Dazu ein weiteres Zitat einer berühmten Persönlichkeit: «Es gibt nur eins, was auf Dauer teurer ist als Bildung: keine Bildung», sagte einst US-Präsident John F. Kennedy. Aber es liegt nicht alleine an der Politik, am Staat und an den Schulen. Probleme entstehen auch, weil viel

Preiselbeeren.

THEORETISCHES

zu viele Eltern in einer Mischung aus Ehrgeiz und Hilflosigkeit versuchen, dem Nachwuchs Wissen und Bildung mittels Terminflut und Konsumwahn aufzuzwingen, was auch den Druck auf die Schulen erhöhen kann, so dass am Ende hüben und drüben Resignation herrscht.

Das vorliegende Sachbuch soll darum mit ganz einfachen Tipps mithelfen, die riesigen Ängste und Blockaden in Familien, Kitas, Spielgruppen, Kindergärten und Schulen (Zyklus I und II) ansatzweise zu lösen; es soll helfen, Ängste vor dem eigenen, vorhandenen und gesunden Menschenverstand abzubauen. Und es soll motivieren, Bildung dort zu erhalten, wo sie stattfindet: mitten im Leben. Und so oft wie möglich draussen. In der Natur!

Die Natur, die Wissen schafft

Auch moderne Menschen, die aus einer unendlich langen Evolutionsgeschichte hervorgehen, moderne Menschen nach der Industrialisierung und während der Digitalisierung, sind doch eben nur Geschöpfe, die von und mit der Natur geschaffen sind und sich von und mit der Natur entwickeln müssen. Evolution ändert nichts daran, dass das Menschsein immer noch an die Gesetzmässigkeiten der Natur gekoppelt ist. Es ist kaum ein Zufall, dass mit aufstrebender Bildung bereits in der Antike die Naturwissenschaften an oberster Stelle standen.

Möglich, dass sich der Mensch in vielen tausend Jahren weg von der Natur entwickeln wird – momentan aber sind Körper und Geist noch sehr nahe am Ursprung. Warum? Mehr als 99 Prozent der Menschheitsgeschichte fanden draussen statt, fest verbunden mit der Natur. Ernährung, Bewegung und Lernen waren allesamt an die Natur gekoppelt. Nicht umsonst löst beispielsweise das Entzünden eines Feuers, das dortige Zusammenstehen bei den meisten von uns wohlige, gute Gefühle aus; wirkt das Rauschen des Meeres beruhigend oder entspannt der Regen, der aufs Dach prasselt. Und obwohl dem so ist, verwehren wir unseren Kindern sehr oft den

Zugang zu diesen archaischen Erfahrungen. Mit allen Sinnen lernen soll auch dem modernen Menschenkind möglich gemacht werden. Ohne diese Erfahrungen zu machen, verkümmert unser Geist – und unsere Seele sowieso. Burnout bei Grundschülern sollte eigentlich ein genug lauter Warnschuss sein. Ebenso die steigende Unbeweglichkeit und Gewichtsprobleme, die sich schon im Kindergartenalter bemerkbar machen.

Im Zusammenhang mit einer Diplomarbeit, die ich vor einigen Jahren zum Thema «Naturschule» verfasst habe, ist mir aufgefallen, dass es auf dem Markt sehr viele Bücher, Spielzeuge, Lehrmittel, Werkstattvorlagen und dergleichen zum Thema «Natur» gibt. Alle sind sie mit viel Liebe und Sorgfalt hergestellt, die Ausstattung, die Kopiervorlagen und Kommentare dazu sind klug, ansprechend, hilfreich und lassen sich im täglichen Leben oder im Unterricht gut einsetzen. Als Ergänzung. Als Ergänzung zu einem Leben und zu einem Unterricht, die praktisch aufzeigen, worüber gesprochen wird, die praktisch aufzeigen, was vermittelt oder gelernt werden soll. Viele Lehrmittel verzichten leider gänzlich auf praktische Arbeiten. Andere weisen am Rand darauf hin – aber nicht so explizit, dass die Mehrheit der Pädagoginnen und Pädagogen auf die Idee käme, das auch wirklich praktisch zu testen. Der Lehrplan 21 aber sieht handelndes Lernen und reichhaltige Lernumgebungen vor, was richtig ist. Da werden zum Beispiel folgende «vier Handlungsaspekte in Begegnung und Auseinandersetzung mit der Welt» genannt:

• Die Welt wahrnehmen
• Sich die Welt erschliessen
• Sich in der Welt orientieren
• In der Welt handeln

Was nützt einem lernenden Kind also ein Arbeitsblatt, auf dem beispielsweise zahlreiche Baumblattarten gezeichnet sind, wenn dieses lernende Kind nie die Gelegenheit bekommt, dieses Wissen mit allen Sinnen zu erfassen? Da kann die Lehrperson in ihrer künstlich erschaffenen Lernumgebung noch so reichhaltige Aufgaben auftischen, nachhaltig ist das leider nicht.

Die Kinder müssen besagte Blätter ertasten, zerknautschen, riechen, kosten! Und es ist gut gemeint, wenn

1 THEORETISCHES

eine besonders engagierte Lehrperson den Kindern einige Blätter mit ins Schulzimmer bringt. Allerdings fehlt den Kindern dann doch ein wichtiger Bezug: Wo hat die Lehrperson die Blätter her, wie sieht der Strauch oder der Baum aus, an dem sie wachsen, wie duftet er, wie ist seine Rinde, leben Tiere dort? Theoretische Abhandlungen über Buchenblätter, Tannnadeln oder Waldbewohner sind schön und gut – aber im Gedächtnis der Kinder wird dieses Wissen nicht verankert werden, wenn sich das Kind darauf beschränken muss, die Kopiervorlage anzufärben oder einen Lückentext auszufüllen. Und natürlich geht es hier nicht nur um Wissenserwerb respektive um Allgemeinwissen rund um die Natur oder rund um sogenannte «NMG»-Themen (Natur-Mensch-Gesellschaft). Sondern auch um Spracherwerb, Beweglichkeit, Gestalterisches und um Mathematik. Und nicht zuletzt geht es um die Fähigkeit, Mitgefühl zu entwickeln für unsere Mitgeschöpfe; um die Fähigkeit, vernetzt und kreativ denken zu können und um die gewaltige Herausforderung, das Leben in einer ungewissen Zukunft so zu gestalten, dass es bunt und fröhlich, verantwortungsbewusst sowie ethisch und moralisch vertretbar ist. Es geht auch um das Glück, Teil dieses wunderbaren Ganzen zu sein. Und das beginnt nicht erst mit dem Eintritt in ein Bildungssystem.

Kinder lernen spielend

«Du darfst am Guten in der Welt mitarbeiten», sagte Pfarrer und Urwalddoktor Albert Schweitzer einst. Er war es auch, der den Begriff «Ehrfurcht vor dem Leben» prägte. Auch wenn Schweitzer die beiden Zitate kaum in einem Atemzug nannte, so lassen sie sich doch verbinden. «Am Guten in der Welt mitarbeiten» heisst für mich primär, in Kinder zu investieren. Indem wir als Eltern und Pädagogen Kinder optimal begleiten und ihnen ermöglichen, vom ersten Atemzug an artgerecht zu leben und zu lernen. Dass solches Lernen im Einklang mit der «Ehrfurcht vor dem Leben» stehen soll, ist in Zeiten der Klimawandels, des Artensterbens, der Flüchtlingsströme und der Wasserknappheit mehr als logisch.

Artgerechtes Lernen oder eben das Lernen draussen in der Natur und unter Einbezug der gesamten Umgebung ist viel weniger kompliziert, als es scheint. Denn Kinder lernen spielend. Wir haben das vergessen. Ein Blick in die Natur bestätigt das: Junge Tiere – und Säugetiere ganz besonders – lernen spielend und durch Beobachtung, was ihnen vorgelebt wird. Sie alle werden schon ein «Jöh!» ausgerufen haben, wenn Sie einen Dokumentarfilm über Füchse, Bären oder was auch immer geschaut haben. Wie die Kleinen tollpatschig, verspielt, frech und neugierig ihre körperliche und geistige Reife erlangen, wie Bindung und Kommunikation zwischen Elterntieren und Kindern durch tägliches Spiel geübt werden. Und sie werden auf Bauernhöfen oder in Zoos voller Freude beobachtet haben, wie junge Schäfchen über die Wiese donnern, wie frisch geschlüpfte Küken sofort ihre Mutter imitieren und ihr durch dick und dünn nachfolgen, um zu lernen. Wie sie dabei mitbekommen, wie Gefahren umgangen werden, wo es das beste Futter gibt und wie man mit Artgenossen umgeht. Und dann gibt es da das «Säugetier» Mensch, das denkt, dass man all diese Schritte ignorieren und überspringen kann auf dem Weg zur perfekten Karriere. Apropos Zoo: Es ist zum Glück längst klar, dass Wildtiere in Tierparks und Zoos so artgerecht wie möglich gehalten werden – also möglichst nahe an dem, was die Evolution sie in Millionen von Jahren gelehrt hat; möglichst kompatibel also mit ihrem genetischen Rüstzeug. Und wiederum ist es auch hier der Mensch, der das für Tiere fordert, für den eigenen Nachwuchs aber ausser Acht lässt. Nicht aus fehlender Fürsorge, sondern weil er irrtümlich meint, dass «Schmutziges und Wildes» nicht gut sei für Kinder. Hier liesse sich das viel diskutierte Thema Hygiene und Allergien aufrollen. Es gehört aber nicht in dieses Buch und ist darum nur als Randbemerkung zu verstehen.

Wir planen und organisieren, schreiben seitenlange Abhandlungen über die perfekte Förderung – und vergessen dabei das Spiel. Wir decken die Kinder mit Monologen, Aufträgen, Ermahnungen, Drohungen, Strategien und Fakten zu und rauben ihnen zum vornherein die Gelegenheit, überhaupt Fragen zu formulieren oder Erfahrungen oder Entdeckungen zu machen. Wir servieren zu oft fertige Erkenntnisse und tun dabei

THEORETISCHES

so, als würden wir den Kindern die Wahl lassen, selber zu forschen und zu lernen. Wir berauben sie vor lauter Gutmeinen der Zeit und der Langeweile. Vielleicht ist es Absicht, weil wir uns einbilden, so die wirtschaftskonformeren Menschen zu produzieren – vielleicht ist es auch einfach die Angst, etwas falsch zu machen und als Eltern oder Lehrer zu versagen. Die Manie, gegen alles und jedes zu klagen, fördert diesen Wahnsinn. Ich kenne etliche Lehrpersonen, die sich nicht mehr trauen, einen simplen Spaziergang ums Schulhaus zu machen mit der Klasse – weil etwas passieren könnte. Dabei geht leider vergessen, dass Kinder nur dann lernen, sicher unterwegs zu sein, wenn sie die Gelegenheit haben, es zu üben.

Im Kleinen liegt Grosses verborgen

Artgerechtes Lernen steht auch im Widerspruch zu den viel zitierten Elterntaxis. Ich verurteile keine Eltern, die ihr Kind hie und da zur Schule mitnehmen oder aus zeitlichen Gründen einmal eine Taxifahrt anbieten, das habe auch ich gemacht. Zur Gewohnheit sollte das den Kindern zuliebe aber nicht werden. Denn nicht nur in der Schule ist vielschichtiges Lernen und Lernen in und mit der Natur wichtig und nötig und machbar – auch in der Familie ist es problemlos umsetzbar, und auf dem Schulweg auch! Es liegt nicht an den «dummen» Kindern, wenn sie meinen, die Milch komme aus dem Supermarkt und Bananen würden in hiesigen Wäldern wachsen. Es ist einzig und allein der Bequemlichkeit von uns Erziehenden zuzuschreiben, dass sich Kinder in rasantem Tempo von Natur und Boden entfernen. Vielleicht können oder wollen Eltern diesen Part in der Erziehung nicht übernehmen – dann aber können sie insofern dazu beitragen, dass sie Lehrpersonen gewähren lassen, die einen etwas anderes ausgerichteten Unterricht planen. Eltern müssen den Lehrpersonen eine gute Portion Grundvertrauen entgegenbringen. Und Lehrpersonen müssen im Gegenzug klar und verständlich kommunizieren, was ihre Absicht und die Gründe sind. Ein «No-Go» ist, dass Lehrpersonen versuchen, Eltern auszuschliessen – und Eltern im Gegenzug versuchen, jeden Buchstaben zu hinterfragen. Das führt zu nichts – und es kostet nicht nur alle Erwachsenen viel Nerven, es beraubt vor allem die Kinder. Ich konnte zum Glück bislang immer alle Eltern überzeugen für meine Streifzüge. Im Gegenzug freue ich mich auch herzlich darüber, wenn Eltern plötzlich auf dem Waldplatz oder im Schulhaus auftauchen. Warum nicht? Ich habe nichts zu verbergen. Keine Lehrperson sollte irgendetwas zu verbergen haben. Wir wollen ja nicht in Zeiten der grundsätzlich positiven Reformpädagogik zurück, wo aber leider oft unklar war, was in abgelegenen Schulen und Heimen alles an Kindern «getestet» und abreagiert wurde.

Keine Lehrperson sollte Eltern als Bedrohung wahrnehmen müssen. Viel zu oft passiert genau das – und aus der gefühlten Angst und Bedrohung durch Eltern wird im Handumdrehen gefühlte Bedrohung durch deren Kinder. Ein Teufelskreis. Ein wenig mehr Vertrauen von beiden Seiten würde das Lernen für Kinder enorm vereinfachen.

Aber zurück zur Rolle der Eltern, die Kinder ihrerseits bereits mit sehr wenig Aufwand an die Natur heranführen können. Denn sie beginnt schon im Kühlschrank oder vor dem Fenster zum Balkon oder vor der Haustür. Selbst über dem Hauseingang einer Grossstadtsiedlung tummeln sich Lebewesen, lassen sich Vorgänge beobachten und Schlüsse ziehen, können Treppenstufen als Spiel- und Zählgrundlage dienen oder die Früchte eines Baums im Stadtpark als mathematische Zähleinheit definiert werden. Sehr oft sind es die unspektakulären Dinge, die besonders interessant sind. Die Stärke eines Spinnennetzes, die natürliche «Fünferreihe» der Blütenblätter eines Apfelbaums, die Ausrichtung der Blüten der Balkonpflanzen, die Konsistenz der Balkonpflanzenerde, das Keimen eines herbeigewehten Samens oder das Gehabe einer Schwebefliege, die ihre Feinde täuscht: Wer denkt, seinem Kind auf einem seltenen Sonntagsspaziergang durch den Tierpark zwingend ein grosses Ereignis oder ein Tier wie einen Fuchs, ein Reh oder gar einen Wolf zeigen zu müssen, um ihm die Natur näherzubringen, verbaut sich und dem Kind alle Möglichkeiten, Umwelt und Natur zu entdecken. Und die Möglichkeit zum spielerischen und poetischen Lernen wird im Keim erstickt.

1 THEORETISCHES

Auf den Streifzügen durch die Natur mit Kindern staune ich oft, wie fokussiert sie sind – auf Dinge, die selbst ich manchmal nicht sehe. Eine Ameise wird in den Lupenbecher gesteckt und ausgiebig begutachtet, eine Minikröte aufgelesen und auf einem Ahornblatt behutsam abgesetzt, um zu beobachten, wie sie weiterhüpft. Aber auch Vogelfedern, Buchennüsse, Moose, Blätter, Hagebutten und vieles mehr lenken die Aufmerksamkeit der Kinder auf sich – wenn man ihnen die Zeit lässt, sich darauf einzulassen. Oft braucht es mehrere Anläufe, bis die Kinder sich öffnen und nicht angebliche «Langeweile» beklagen. Viele Kinder haben verlernt, gelangweilt zu sein. Schade. Genau daraus wachsen meist die besten Ideen.

Sehr oft hilft es, wenn scheinbar belanglose Gegenstände wie Steinchen oder Bucheckern erst mal als natürliches Spielmaterial eingesetzt werden. Danach lassen sich alle Fundstücke aus der Natur beim Lernen einsetzen. In Teil 3 finden sich zahlreiche Lern- und Spielideen mit einfachsten Materialien aus der Natur. Das Wichtigste dabei stammt aus dem Mund von Hirnforscher Gerald Hüther: «Beantworten Sie Kindern keine Fragen, die sie noch gar nicht gestellt haben.» Werden die Fragen aber formuliert, zögern Sie nicht, mit dem Kind zu sprechen. Dialoge fördern das Lernen, den Diskurs, die Auseinandersetzung – und die Konfliktfähigkeit. Und sie stärken die Bindung zwischen Kind und Wegbegleiter. Nur wo eine echte Verbindung besteht, ist das Übertragen von Lernbotschaften überhaupt möglich.

Schulisches Wissen versus «unnützes» Wissen

«Aber», werden Sie sagen, «ob all der Spielerei bleibt doch zu wenig Zeit, den Schulstoff zu vermitteln und zu pauken! Jetzt, wo der neue Lehrplan auch noch fast alle Hausaufgaben verbannt hat.»

Solche Ängste sind allgegenwärtig und sowohl Eltern als auch Pädagogen sind der Ansicht, dass es besser wäre, dass die Kinder auch in den Schulferien büffeln, um nicht alles wieder zu vergessen. Nur zu! Die

Haselmaus.

1 THEORETISCHES

Kinder sollen ruhig in den Ferien auch lernen, aber nicht am Tisch, nicht mit Auswendiglernen von Reihen und Regeln. Eltern dürfen sich also ruhig auch in Teil III umsehen, wo es vor allem um schulische Förderung geht. Wenn Sie, liebe Eltern, mit Ihren Kindern lernen und üben wollen, so ist es sicher nicht verboten, dem eigenen Kind auch mal eine Math-Aufgabe im Wald zu stellen. Beispiele dazu finden Sie in Teil III.

Kinder sollen ruhig auch in der Familie und während den Ferien gefördert werden. Aber nicht eingepfercht am Computer, sondern draussen in der Natur, daheim in der Küche oder meinetwegen auch in der Badewanne. Indem sie die Schritte zählen, die sie gehen auf dem täglichen Waldabenteuerspaziergang, auf dem sie schätzen, wie hoch Tannen sind, wie weit Eichhörnchen springen können, wie hoch ein Spritzer aus der Wanne sein kann, wenn man die Seife fallen lässt. Sie sollen wiegen und messen, wenn sie in der Küche beim Backen und Kochen helfen. Sie sollen ausrechnen, wie viel Besteck ein gedeckter Tisch für eine sechsköpfige Familie und fünf Gäste braucht. Sie sollen täglich Mathematik üben.

Denn um nichts anderes geht es bei solchen Beispielen. Oder geht es Ihnen doch eher um NMG-Themen? Dann nichts wie los! Glace kaufen, geniessen, schauen, wie es tropft, und erfahren, was Wasserdampf ist, der beim Spagetti-Kochen aus der Pfanne quillt. Sie sollen am Bach Staumauern aus Steinen und Schwemmholz bauen und dabei erfahren, welche Kräfte wirken. Sie sollen testen, wie dick ein Ast sein muss, dass er sie als Brücke über das Bächlein trägt. Die Natur ist – wen wunderts – voll mit Naturwissenschaften!

Und übrigens, auch Sprachen können in den Ferien spielerisch gelernt werden: Lassen Sie die Kinder die Abenteuer des Tages abends in Standardsprache erzählen, helfen Sie mit beim Fabulieren, Märchenerfinden und Witzeerzählen, lassen Sie die Kinder in den Ferien am Meer einkaufen, damit sie in andere Sprachwelten und Kulturen abtauchen können, erklären Sie ihnen beim Besichtigen einer historischen Kirche die lateinischen Inschriften – suchen Sie gemeinsam mit den Kindern Parallelwörter zwischen Ihrer Sprache und der Fremdsprache. Und wenn Sie selber keine Lust haben, ermuntern Sie die Kinder, Bücher zu lesen, Sachbücher anzuschauen, Bilderbücher zu entdecken, neue Spiele in der Natur zu erfinden oder zu testen, dazu die Spielregeln zu formulieren und aufzuschreiben, Einladungen für das Sommerfest selber zu entwerfen und zu schreiben etc. Hören Sie auf, den Kindern alle Übungsmöglichkeiten, die sich tagtäglich bieten, wegzunehmen, weil Sie Angst haben, dass die Kinder wertvolle Lernzeit vertrödeln oder beim Kuchenbacken etwas falsch machen könnten.

So ist es auch beim Unterricht in der Natur und dem Stoffplan: Es gibt bei solchen Unterrichtseinheiten in der Natur oder in künstlich hergestellten, aber klugen Lernumgebungen im Schulzimmer keine verlorene Zeit! Die Kinder eignen sich allerlei Wissen an – immer wieder auch solches, das vom Lehrplan vielleicht nicht primär vorgegeben wird, aber logischerweise enthalten ist.

Wird dieses nicht auf Anhieb ausformulierte Wissen, diese Allgemeinbildung dadurch unnütz? Nein, natürlich nicht! Wissen ist immer gut! Wissen und dessen Vernetzen zu umfassender Bildung schützen. Vor Unterdrückung, vor Ausgrenzung, vor Gewalt, vor dem Verlust des Selbstwertgefühls. Denken Sie nur an ein Kind, das sich zum Beispiel in der Mathematik nicht zurechtfindet. Es sitzt in der dritten Klasse und kommt mit dem Hunderterraum noch immer nicht klar, kann die einfachste Plus- oder Malaufgabe nicht bewältigen. Misserfolg um Misserfolg stellen sich ein. Resignation ist die logische Folge. Sie kann dabei so stark werden, dass sich das Kind nach kurzer Zeit als «dumm» einschätzt und nicht mehr aus diesem Muster rausfindet. Es zieht sich zurück oder stört den Unterricht. Zu oft mutieren solche Kinder leider auch zu willkommenen Mobbing-Opfern, weil ihr angeborener Reflex, sich zu wehren und zu behaupten, unter einer schweren Last vergraben liegt.

Und jetzt entdeckt das Kind plötzlich spielerisch, dass es mehr Wildrosenblütenblätter in der Hand hält als die Freundin. Weil es die Rechnung anfassen, anschauen kann. Ein solches Erlebnis hat sich bei mir besonders eingeprägt. Ein Kind, wie oben beschrieben, verkaufte Basteleien am Elternmarkt. Es gab sechs Artikel zu vier Franken über den Ladentisch und hatte die Summe, die es kassieren

1 THEORETISCHES

wollte, ohne Aufhebens genannt. Hätte ich das Kind gefragt, was gibt 6 mal 4, wäre es stumm geblieben und hätte sich mit feuchten Augen als «ich bin dumm» herausgeredet. So aber hatte es ein Erfolgserlebnis, das sein Selbstwertgefühl gestärkt hat. Und so ist es mit allem Wissen: Vielleicht wird ein Kind kein Mathematikgenie – aber es erkennt Zusammenhänge und kann sich helfen, Lösungen zu finden; es entdeckt Lernwege und Lernstrategien; es weiss und kann Dinge, die andere nicht können, es erkennt jeden Baum im Wald und geniesst in Gruppenarbeiten darum grosse Wertschätzung, es erkennt fast alle Pilze und fasziniert mit diesem Wissen oder es zeichnet mit Stöcken die besten Zahlenmauern auf den Waldboden oder kann am besten auf einem gefällten Baumstamm balancieren. Gestärkt geht es dann zurück ins Schulzimmer und sehr oft lösen sich mit der Zeit Knoten auf – selbst wenn Lehrer, Eltern und das Kind selber das für unmöglich gehalten haben. Fazit: Es gibt kein unnützes Wissen, keine unnütze Bildung und es gibt keine verlorene Zeit. Es gibt aber die Chance, Wohlbefinden, Selbstwertgefühl, physische, psychische und geistige Beweglichkeit zu steigern und zu fördern. Und darum gehören Kinder regelmässig und konsequent in ein kreatives Lernumfeld namens Natur!

Jedem Wald liegt ein Zauber inne

Schriftsteller Hermann Hesse prägte das Zitat: «Jedem Anfang liegt ein Zauber inne.» Ich habe es abgewandelt und behaupte: «Jedem Wald liegt ein Zauber inne!»

Wer Kindern die Möglichkeit gibt, draussen zu spielen, draussen auf Entdeckungsreise zu gehen und somit auch in der Natur zu lernen, fördert ohne grossen Aufwand auch das Wohlbefinden. Mit Hunden sind wir täglich und regelmässig an der frischen Luft und im Wald. Moderne Landwirtschaftskonzepte schreiben zum Glück seit Jahren vor, dass Nutztiere ihren regelmässigen Ausgang in die Natur, an die frische Luft erhalten. Erwachsene suchen den Ausgleich zum stressigen Berufsalltag liebend gerne in naturnahen Erholungsgebieten – egal ob im

Stadtpark, am Flussufer, im nahen Wald oder in den Bergen, egal ob joggend, paddelnd, schwimmend, auf dem Bike oder beim Spaziergang. Aktivitäten in der Natur und naturnaher Tourismus boomen. Kadermitglieder buchen Eseltrekking, Waldbaden und Barfusspfade, um wieder zu sich selbst zu finden und den drohenden Burnouts zu entfliehen. Kindern dagegen zwängen wir ein Leben zwischen Pult, Sporthalle und Playstation auf. Dass gerade Wälder nicht nur der Seele guttun, sondern auch der physischen Gesundheit, hat unter anderem mit den sogenannten Terpenen zu tun. Einheimische Nadelhölzer verströmen viele dieser Stoffe, die über Haut und Lunge aufgenommen werden und gemäss Studien sogar das Immunsystem stärken und somit vor Krankheiten schützen können. Aber nicht nur das: Regelmässige Streifzüge in die Natur ergänzen den Sportunterricht in der Halle auf wunderbare Weise, fördern die Koordination, die Kondition, die Konzentration und die Kompetenz, Zusammenhänge zu erkennen, Beziehungsnetze zu verstehen und Schritt für Schritt Empathie und Achtsamkeit zu üben. Natürlich zeigen sich solch positive Effekte nicht nach ein, zwei Wochen. Aber bereits nach einem halben Jahr ist ersichtlich, dass Kinder, die regelmässig draussen sind, ruhiger schlafen, widerstandsfähiger und entspannter sind. Der Zusammenhalt in einer Klasse verbessert sich, die Stimmung und das Klima werden entspannter. Dass die Kinder dabei noch jede Menge lernen, ist eine von vielen positiven Begleiterscheinungen. Und übrigens: Auch Eltern und Pädagogen profitieren in jeder Hinsicht davon!

Es ist kaum Zufall, dass Finnland mit seiner ausgesprochen grossen und starken Outdoor-Kultur den Titel «glücklichstes Land» innehat und auch in den sogenannten PISA-Studien seit Jahren fantastisch abschneidet. Wenn Finnen (wir hatten zwei Aupair-Mädchen aus diesem Land) gefragt werden, was ihnen wichtig sei, dann werden «Natur», «Durchhaltewillen», «Dranbleiben» und «gute Gefühle» in einem Atemzug genannt.

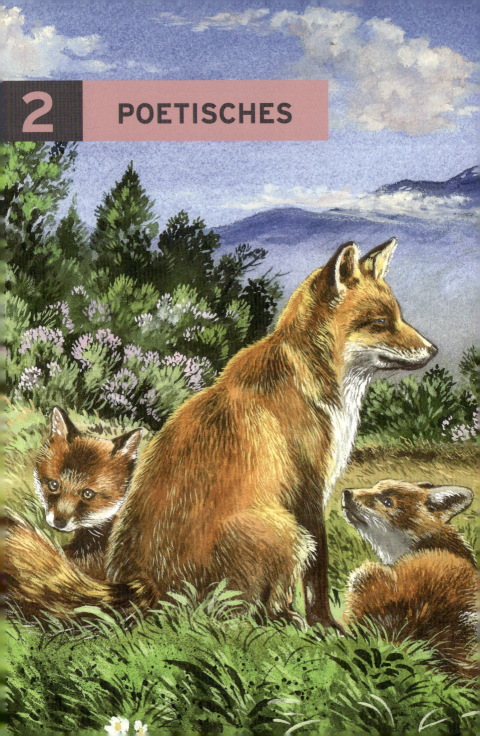

2 POETISCHES

2 POETISCHES

Kinder lechzen nach Geschichten und Märchen

Was Kindern oft fehlt, sind nicht nur Zeit, Langeweile, Gelassenheit und Spiel. Sondern auch der Zugang zu Märchen, Geschichten und Poesie. Fabelwesen, Tiergeschichten, Schilderungen fremder Welten sind nur noch dann ein Thema, wenn eine kommerzielle Absicht verfolgt werden kann. Schafft irgendeine Kunstfigur aus Hollywood den Durchbruch, gibt es nicht einfach eine Geschichte. Es gibt unzählige Werbeartikel dazu – und noch bevor ein Kind vielleicht das Poetische entdecken, in seinem Kopfkino selber Bilder dazu entwerfen kann, werden ihm mittels Massen an Merchandise-Produkten die eigenen Bilder, die eigene Fantasie und die eigene Vorstellungskraft zerstört. Zurück bleiben oft ein überfülltes Kinderzimmer und ein müdes Kind. Ich habe darum angefangen, möglichst viele Inhalte – auch im Unterricht – in Geschichten zu verpacken. Die Kinder reagieren in den ersten Schuljahren sehr positiv auf Geschichten – selbst dann, wenn es keine literarischen Höhenflüge sind. Etwas Spannung, Empathie und vielleicht ein verstecktes Rätsel motivieren auch den grössten Lesemuffel, einen Text zu lesen und auf ein Thema einzusteigen, das ihm auf Anhieb nicht gefällt. Und gerade bezüglich Lesekompetenzen haben Schweizer Kinder einen grossen Nachholbedarf. Kolleginnen aus der Romandie haben übrigens damit begonnen, ihre Schüler nach der grossen Pause täglich zwanzig Minuten im eigenen Buch lesen zu lassen. Ohne Wenn und Aber. Den Kindern werden lediglich schwierige Wörter erklärt, wenn sie danach fragen. Und schon nach einer kurzen Zeit haben sich der Wortschatz und die Sprachkompetenzen messbar verbessert. Ein Modell, das für alle Schulen Vorbild werden sollte. In der Zwischenzeit wenden schon viele Schulen das Konzept von «Silence, on lit!» an.

Hier ein Beispiel, das ich entworfen habe, um den Kindern die unterschiedlichen Habitate/Lebensräume in der Natur näherzubringen – und dadurch auch das Lesen und Verstehen (Zyklus II) zu fördern.

Das Abenteuer des Stadtfuchses

Im Stadtpark

Manchmal kommt Bra vorbei. Oder Bo. Oder beide. Dann streifen wir zu dritt durch die Magerwiese am Stadtrand. Wir sind gesellige Tiere. Eigentlich. Höchstens Futterneid lässt uns kurz zu Rivalen und Einzelgängern werden.
Heute ist noch keiner der beiden aufgekreuzt. Zu früh, irgendwie. Und zu laut sowieso. Wir leben in einer lauten Stadt, finde ich. Und ihr denkt doch auch so: laute Stadt im geregelten Land, alles hat seine Ordnung, seinen Nutzen. Höchstens Füchse sind nutzlos, oder?
Ich strecke die Nase in die Luft. Tausend Gerüche. Das letzte Tram biegt auf die Kornhausbrücke ein. Keine Mühe, das zu hören. Es quietscht so laut, so schrill. Kornhaus! Was für ein Versprechen! Korn! Mäuse! Essen! Ach, ich Träumer. Die Mäuse zieren sich diesen Sommer. Viel zu trocken. Ich habe Hunger! Obwohl ein Stadtfuchs eigentlich keinen Grund zum Klagen hat. Eimer, vollgestopft mit fettigen Tüten. Fleisch, Brot, süsse und saure Sossen. Lecker, das Zeug. Aber Sue, meine Lieblingsfähe, klagt dann immer über Bauchweh. Und mich treibt der Durst ans Wasser. Runter an den Fluss. Aber nicht jetzt. Zu viel Licht, zu viel Mensch, der zu viel Essen reinstopft, das viel zu salzig, viel zu süss, viel zu fett ist. Uns macht das krank auf die Dauer. Euch nicht?

Ich lege den Kopf auf meine Pfoten. Horche. Ein Rascheln. Ihr müsst wissen, wenn die Stadt zu schlafen beginnt, erwachen wir Nichtsnutze. Igel, Marder, Füchse, Eulen und Fledermäuse. Aber was sag ich da! Ihr kennt ja nur noch wenige Dinge in der Natur. Durchschnittlich fünf Tiere oder Pflanzen könnt ihr noch aufzählen, habe ich gehört. Nicht üppig, meine Lieben. Nun, jedes Kind kennt meinesgleichen. Wir sind die am meisten verbreiteten Wildhunde in Europa. Genau. Wildhund. Kanide. Wie eure Pudel daheim oder die Wölfe in den Alpen.
Auch wenn Kinder noch nie einen Fuchs gesehen haben, geschweige denn einen Wolf: Unser schlechter Ruf eilt uns voraus. Egal wohin.

POETISCHES

Verstehen kann ich das nicht. Item. Im Stadtpark tummeln sich allerlei Gesellen nachts, Typen wie unsereins. Tagsüber Zweibeiner. Der Park ist nämlich so ein Platz, der Sinn macht. Ein Platz, wo Tiere und Pflanzen sicher, Kinder glücklich und wild und Erwachsene fröhlich sein könnten. Oder umgekehrt. Auf jeden Fall ist er schön, der Stadtpark mit den tausend Pflanzen. Aber was rede ich da. Ihr kennt ja bloss noch die Buchen. Wenn's gut geht. Aber erkennt ihr Eschen und Ulmen, Birken und Eiben? Nein? Schade! Wissen hilft nämlich. Gegen Armut. Gegen Unterdrückung, gegen Langeweile und vielleicht auch gegen Traurigkeit.

Oft sehe ich Kinder, die ganz traurig durch den Park schleichen. Da möchte ich fragen, warum? Aber ich weiss nicht, ob das klug wäre. Mitten am Tag aus meinem Bau unter der alten Eiche zu kriechen und zu fragen: Warum? Also drücke ich meine Schnauze in Sues weiches Fell und döse weiter. Und warte. Warte, dass es endlich still wird in der Stadt. Dass der Magen nicht mehr knurrt. Ein dumpfer Ruf holt mich aus meinen wirren Träumen. Ich horche – und vernehme die Stimme abermals. Es ist Traugott, der zerzauste Waldkauz, den es hin und wieder von seinem Landsitz in die Stadt verschlägt. Er verdreht die Augen, als ich endlich ganz aus meinem Bau krieche, und haucht: «Salo, man schickt mich, dich zu holen. Dein Vetter in den Voralpen ist in grosser Gefahr.»
«Welcher Vetter?», kläffe ich. Heiserer und lauter, als mir lieb ist. «Psst, sei doch ruhig», säuselt es hinter mir. Sue hat sich dicht hinter mir aus dem Bau gewagt und schnuppert aufgeregt in die Dunkelheit. Sie hat Witterung aufgenommen. Offenbar nähern sich ausser Bra und Bo noch andere Nachtgestalten unserem Versteck.

«Cano», haucht Traugott, blinzelt mich ein letztes Mal an und schwingt sich in die Luft. Absolut lautlos. Und verschwindet in der Nacht.

Cano, der Wolf also! Seit Monaten habe ich nichts mehr gehört von ihm. Damals kreuzten sich unsere Wege, als wir im Auengebiet des grossen Flusses unterwegs waren, um zu jagen. Nur wenige Tage später waren die Zeitungen voll darüber, dass in Stadtnähe ein Wolf gesichtet worden sei. Und die Rufe nach Abschuss haben Sue und mich dermassen erschreckt, dass wir fortan darauf verzichtet haben, ins Auengebiet zu schleichen.

Sue schaut. Bra und Bo, die nun näher gekommen sind, ebenso. Sie scheinen meine Gedanken zu lesen. Cano in Gefahr. Aber wo? Kaum vorstellbar, dass er in der Nähe ist. «Kein Platz für unsereins, kein Platz», murmelt Bra und leckt sich die Pfote, mit der er neulich in einem Gitterzaun hängengeblieben ist. Sue wischt sich eine Träne aus den Augen: «Du wirst gehen, oder?» Bo schaut sie mitleidig an. Ich halte ihrem Blick nicht stand und wende mich ab. «Die Welpen sind sehr hungrig», sagt sie. «Aber ich werde tapfer sein.»

Damit ist alles gesagt. Bra, Bo und ich brechen noch in derselben Stunde auf.

Am Fluss

Schnell und ohne zu rasten durchstreifen wir die bunten Stadtgärten, die sanft abfallend über dem Fluss liegen. Wunderbare Vielfalt. Bunt, duftend. Mit süssen Beeren im Sommer. Landfuchs, den ich hin und wieder treffe, sagt, Wiesen und Gärten in der Stadt seien farbiger und üppiger. Komische Welt. Städte sind doch grau, das Land grün? Oder täusche ich mich? Was sagt ihr dazu?

Am Wasser angekommen, zögern wir. Flussabwärts? Flussaufwärts? Bra denkt logisch. «Cano wird kaum ins Seenland abgewandert sein. Ich schätze, dass er flussaufwärts gestreift ist. In den Alpen dürfte sein Nahrungsangebot grösser sein.»

Ich nicke. Und ohne weitere Worte zu verlieren, huschen wir durch das dichte Ufergebüsch. Der Fluss übertönt unser Keuchen. Es riecht nach Algen und Fisch. Und nach Säugetieren und Vögeln. Wir riechen alle. Ein Durcheinander an Ausdünstungen sticht in unsere Nasen. Bald sind wir beim Tierpark, denke ich. Ob die Cousins in Gefangenschaft etwas über ihren Bruder wissen? Wir müssen es riskieren und sie fragen.

Rascheln und Bersten stoppen uns, holen mich aus den Gedanken. Und noch bevor wir uns vorsehen können, jault Bo laut auf. Die Espe hat ihn unter sich begraben. «Passt doch auf, ihr saudummen Nager»,

POETISCHES

giftelt er, als er das Bewusstsein wiedererlangt hat. Die beiden Biber starren uns verdutzt an. «Das ist unser Gebiet», brummt der Dickere schliesslich. «Wir bauen einen neuen Damm. Der alte Seitenarm ist ausgetrocknet. Kein Hochsommer. Vorsommer. Und ausgetrocknet. Bibermama hat alles versucht. Alle Kinder blieben zurück. Tot.» Er kann sich die Tränen nicht verkneifen. Seine Gemahlin packt den dünnen Espenstamm und verschwindet im Wasser. «Viel Arbeit», sagt der Biber und folgt ihr.

Bo reibt sich den Kopf an meiner Flanke. Er bereut, dass er so unfreundlich gewesen ist zu den Bibern. Nützt nichts. Gesagt ist gesagt. Bo geht ans Ufer: «Alles Gute euch, es tut mir leid!» Vielleicht haben sie es gehört, vielleicht auch nicht. Der Wille zählt.

Etwas deprimiert streifen wir weiter, umkreisen den riesigen Tierpark und nähern uns der Anlage von oben. Ein paarmal müssen wir uns richtig anstrengen, um nicht einen Hüpfer zu den eingepferchten Wasservögeln zu wagen. Zu lecker, dieser Anblick. Aber chancenlos.

Wildkatzen und Luchse haben uns längst bemerkt. Die Wölfe sowieso. Silberwolf streift dem hohen Gitter entlang. «Was macht ihr hier?», fragt er leise. «Was ist mit Cano?», gebe ich zurück. Silberwolf streckt die Schnauze in die Luft als wolle er gleich zu heulen beginnen. Aber er schnuppert bloss und schüttelt den Kopf. «Vielleicht haben sie ihn schon gekriegt», sagt er. «Wir wissen nichts Genaues, die Bruchstücke, die wir von den geschwätzigen Rabenvögeln vernehmen, sind manchmal sehr verwirrend.» Er lässt den Kopf sinken.

«Wir wurden gerufen, ihm zu helfen», sage ich. «Aber wo finden wir ihn?»

«Folgt dem Fluss bis ins grosse Auengebiet. Bevor ihr die nächste grosse Stadt erreicht, zweigt nach Nordwesten ab. Dort wird man bestimmt mehr wissen.» Er schweigt eine Weile. «Zu gerne würde ich euch begleiten. Aber was kann ein eingezäunter Wolf schon tun. Viel Glück!»

Traurig wendet er sich ab und verschwindet lautlos im finsteren Gehege.

In der Aue

Wir bleiben etwas ratlos stehen. Bo ist der Erste, der die Sprache wiederfindet: «Wir sollten vor dem Morgengrauen im grossen Auengebiet sein. Ich kenne dort eine Fähe, die ihren Bau unter einer umgestürzten Tanne bestimmt mit uns teilt. Eine Rast wird uns guttun und sie kann uns vielleicht sogar mehr sagen als Silberwolf.»

Wir traben lautlos weiter, bis Bra abrupt stoppt. «Wittert ihr sie auch?», fragt er flüsternd und schnalzt grinsend mit der Zunge. Ohne eine Antwort abzuwarten, hechtet er an die Böschung und schnappt sich eine fette Feldmaus, die gerade daran ist, mit ihrer ganzen Familie umzuziehen. Wir lassen uns nicht lange bitten und tun es ihm gleich. Die kleine Zwischenmahlzeit stärkt uns. Das ist nötig. In der Ferne hören wir den ersten Menschenlärm. Höchste Zeit, einen schützenden Bau zu finden.

Mona, die Bekannte von Bo, ist nicht begeistert, als wir zu dritt vor ihrem Bau stehen, lässt uns aber ohne Widerworte rein. Sie säugt ihre drei Welpen und hat keine Zeit, sich mit uns abzugeben. Auch gut. Wir rollen uns ein – mit dem Gedanken an einen ruhigen Tag, den wir verschlafen wollen.

Doch keine zwei Stunden später werden wir von heiserem Gebell geweckt. Mauro, Monas Rüde, steht in seiner ganzen Pracht vor uns und zischt: «Los, ihr seid in Gefahr, hier könnt ihr nicht bleiben. Man ist euch gefolgt!» Sein Blick ist starr, sein Körper angespannt. Über seinem linken Auge sitzt eine wüste Narbe. Mona liegt wortlos bei ihren Welpen. «Wer? Was? Wo?», hecheln wir zu dritt. Aber Antwort erhalten wir keine. Mauro schubst uns unsanft aus dem Bau. «Geht weiter, nach der nächsten Abzweigung findet ihr ein freies Erdloch. Dort könnt ihr euch verstecken.»

Grelles Sonnenlicht blendet uns. Kläffende Hunde, gestresste, laute Menschen, die Ruhe suchen. Abermals! Eigenartige Welt. Und mittendrin wir drei Füchse, die keine Ahnung haben, was das alles soll. Wir hechten ins Unterholz und hoffen, dass kein Hund uns folgt. Obwohl unsere gezähmten Cousins angeleint sein sollten, düsen die meisten unbeaufsichtigt kreuz und quer durch das Schutzgebiet. Jagen hier eine Ente, hetzen dort ein Eichhörnchen auf den Baum und stolpern schnüffelnd über Schlupfwinkel von Hasen und Rehen. Und ihr fragt euch jetzt, warum wir Füchse uns vor Hunden fürchten, wenn sie doch wie die Wölfe auch unsere Verwandten sind. Nun, einfach: Ihr vermenschlicht sie. Und macht sie zu eurer Waffe gegen uns. Klingt brutal, ist es auch. Manchmal zumindest. Denn kaum sind wir unter der Erde, schlüpft nach uns so ein dressierter Köter in den Bau. Baujagd. Er beisst wild um sich und versucht, uns aus dem Schutz der Höhle zu zerren. Der Kampf dauert lange. Wir verlieren Blut. Alle. Endlich gibt der kleine Jagdhund auf und flieht halb zerfetzt und abscheulich winselnd aus dem Loch. Doch auch Bra und ich haben einiges abgekriegt, fühlen uns aber fit genug, um die Lage zu überblicken. Bo dagegen liegt reglos und blutend in einem finstern Winkel. Wir lecken seine Wunden. Seine Augen bleiben geschlossen. Er atmet schwer und ein heiseres, kaum hörbares Röcheln dringt aus seinem Maul mit den wunden Lefzen. Wir sind ratlos. Und traurig. Und wir hören nicht, wie auf einmal Mona in unser Loch kriecht. «Mauro ist eifersüchtig», sagt sie und starrt den schwer verletzten Bo an. «Er hat den Jagdhund zu eurem Versteck gelockt. Ich schäme mich so sehr! Wir Wildtiere sollten doch zusammenhalten. Die Zeiten sind schon so schwer genug. Aber seit Mauro angeschossen worden ist, ist er wirr im Kopf. Und ein Tyrann. Auch gegen seine eigene Familie.» Sie stupst Bo mit der Nase zärtlich an, doch er regt sich nicht. Wortlos schleicht sie davon. Wir lecken neben Bo unsere Wunden und fragen uns, wie es nun weitergehen soll. Wir entscheiden, so lange in der Aue zu bleiben, bis sich Bo alleine nach Hause durchschlagen kann. Er wird Sue bei der Aufzucht unserer Welpen helfen. Und wir ziehen weiter.

In der Schlossallee

Wir schlagen Silberwolfs Rat aber in den Wind, verlassen das Auengebiet nach dem fünften Sonnenuntergang und traben schon viel früher nordwestwärts. Noch vor Mitternacht erreichen wir eine stattliche Allee mit uralten Bäumen. Sie führt schnurstracks auf ein schmuckes Schloss zu. Im Schlossgarten entdecken wir

hinter einer dicken Mauer einen ordentlich gefüllten Komposthaufen. Viel zu holen gibt es da allerdings nicht. Einer hockt ohnehin schon mitten drin und versucht, ein Hühnerei zu knacken. «Wo hast du das geklaut?», frage ich ihn. Er blinzelt frech. «Vergiss es, DIR sage ich ganz bestimmt nicht, wo der Hühnerstall ist, in den man so einfach eindringen kann.» «Ich finde es heraus», bluffe ich, obwohl mir nach all den Ereignissen und wegen der Sorge um Bo hunde-, nein, fuchselend ist. Der Marder saugt genüsslich an seinem Ei und wispert. «Stimmt es, dass Cano in die Falle getappt ist?» «Was weisst du?», fragt Bra. «Nichts», lispelt der Marder und schwupp, ist er im Geäst des hohen Kastanienbaums verschwunden. «Was soll das!», schreie ich hinterher. Keine Antwort. Nur Rascheln. Von oben. Und von unten. Trippelnd nähert sich ein Igel dem Komposthaufen. «Hast du uns belauscht?», frage ich. Der Igel schnuppert und versucht, meinen Umriss zu erkennen. Er rollt sich zusammen und schnaubt unter seinen Stacheln hervor: «Kein Tier, das nicht von Canos Schicksal vernommen hätte. Wenn ihr mich und die Würmer am Kompost in Ruhe lässt, sage ich euch, was ich weiss», faucht er leise.
«Natürlich lassen wir dich in Ruhe, bist ohnehin voll von diesen Blutsaugern, igitt», zischt Bra. Ich schubse ihn unsanft an. Jetzt nur keine Beleidigungen, denke ich, sonst spricht der Eigenbrötler nie und nimmer. «Er meint es nicht so», sage ich entschuldigend. Es wirkt. Der Igel reckt seinen Kopf und macht Anstalten, davonzulaufen. Aber er schnappt sich lediglich einen fetten Wurm und vertilgt ihn genussvoll. «Beim letzten Vollmond machte oben im Turm ein ganz besonderer Gast Rast. Er war auf dem Weg von den hohen Sandsteinflühen zu seiner Burgruine auf den Nagelflühen unterwegs. Er hat erzählt, dass er bei den Sandsteinflühen Ausschau nach einer Partnerin gehalten habe und jetzt etwas ausser Atem sei. So kamen wir ins Gespräch.»

«Du sprichst wohl vom alten Uhu», unterbreche ich den Igel. «Ja, natürlich, von wem denn sonst? Er hört alles und kennt das Gebiet bis hinauf zu den Voralpen. Und dort hat sich Cano nach seinem Aufenthalt in den Auen niedergelassen. Scheints habe er unterwegs eine Partnerin gefunden und zu zweit seien sie bis

POETISCHES

zu den steilen Alpweiden weitergewandert.»
Ich nicke. Das macht Sinn. Vom Hörensagen weiss ich, dass es dort so viele wilde Beutetiere gibt wie sonst nirgends.
«Am besten wandert ihr noch heute Nacht zur Ruine des Uhus. Aber seid vorsichtig! Wenn er schlecht gelaunt ist und Hunger hat, würde er auch so ein rotes Stinktier fressen.»
Kaum hat der Igel fertig gesprochen, zieht er sich zusammen und präsentiert unseren Schnauzen vorsichtshalber seine Stacheln. «Danke, Freund», sage ich, trotz der Beleidigung. Er hat uns sehr geholfen. Das sieht auch Bra ein und hält seine Schnauze. So schnell uns unsere müden Beine tragen können, hasten wir über Felder und Wiesen, entlang kleiner Bäche. Das Schicksal meint es für einmal gut mit uns. Wir finden einen toten Graureiher, der wohl in einem Strommast hängengeblieben ist. Wir zerren den toten Vogel ins Gebüsch und schlagen uns die Bäuche voll. Was für eine Wohltat nach all den Schmerzen, die wir in den letzten Tagen erdulden mussten.

Bei der Burgruine

Die letzten Meter hinauf zur Ruine der uralten Burg sind steil. Wir könnten natürlich den Weg wählen. Ein Umweg ist uns aber zu mühselig. Deshalb nehmen wir den fast unsichtbaren Pfad, der von der Mühle am Bach schnurstracks in den Burghof führt. Also in die Wildnis, die den alten Burghof heute ausmacht. Seltene Orchideen wachsen hier und unzählige Eidechsen flitzen wie geölte Blitze zwischen den Mauerritzen umher. Es duftet herrlich nach Walderdbeeren, nach frischem Moos, Totholz und Pilzen. Die Morgendämmerung ist bereits angebrochen und ehe wir es uns versehen, hat ein Verräter auf einem Baum unser Kommen lautstark kundgetan. Immer wieder diese Eichelhäher. Nichts entgeht ihnen und mit ihrem Ruf warnen sie den ganzen Wald vor bevorstehenden Gefahren – selbst dann, wenn es keine ist. Aber wir machen uns nichts vor. Besser hören als der alte Uhu kann sowieso keiner – nicht mal der laute Eichelhäher mit seinem grellen Gekrächze. Vorsichtshalber kriechen wir unter einen alten Stein der einstigen Burg und blinzeln vorsichtig zu den Überresten des Bergfrieds. Und tatsächlich, dort sitzt er, der Uhu. Ganz schön imposant, diese mächtige Gestalt. Reglos starrt er in unsere Richtung. Dann hebt er ab, gleitet absolut lautlos durch die Luft und landet unweit von unserem Versteck auf dem Boden.

«Bastarde, was wollt ihr?», brummt er. Mich dünkt allerdings, dass er eher belustigt als gefährlich klingt.

«Glück für euch, dass ich heute Nacht einen grossen Jagderfolg gehabt habe», sagt er. «Dort liegen noch ein paar Überreste, wenn ihr Hunger habt ...» Er schweigt und lässt das Gesagte wirken. Nun, wir hatten den Reiher – aber wenn er schon so nett etwas anbietet ...

Behutsam kriechen wir aus unserem Versteck und schnüffeln in die Richtung, die der Uhu uns mit einem schwachen Kopfnicken angedeutet hat. Wir preschen vor und schon läuft uns das Wasser im Maul zusammen. Je näher wir dem Beuteplatz kommen, desto stärker wird der Duft. Als wir endlich dort sind, trauen wir unseren Augen nicht. Vor uns liegen die Überreste eines Lämmleins. Allerdings ist daran fast nur noch Wolle und kaum etwas Fressbares.

«Nun, was sagt ihr?», fragt der grosse Kerl, der sich lautlos an uns herangemacht hat. «Ehm, ist das nicht eher Wolfsbeute?», stottere ich.

«Und ob!», blufft der Uhu. «Ich hole mir ab und an ein Lamm – und alle denken dann, dass wieder ein Wolf unterwegs gewesen sei.»

Er lacht. Leise, aber sehr höhnisch. «Wisst ihr, neulich, als sie Cano mit Schrott aufgelauert haben, habe ich hinterrücks ein junges Schaf geholt. Die Menschen sind so doof! Ich glaube, dass Cano und seine Gefährtin seither gejagt werden wie Schwerverbrecher und statt Lammfleisch Mäuse und Beeren fressen. So wie ihr Verlierer das tagein, tagaus macht.»

Bra knurrt. Und mit einem Satz hockt er auf dem Uhu und packt ihn unsanft im Nacken. Damit hat der Waldvogel nicht gerechnet. Er versucht gar nicht erst, sich zu wehren. Er ist klug und weiss, dass wir etwas von ihm wollen und ihm sicher nichts Ernsthaftes antun werden.

«Wo ist Cano?», knurre ich. «Was hast du damit zu tun? Sag, was du weisst, oder mein Freund beisst dir deinen aufgeplusterten Hals durch.»

Der Uhu grinst. «Beisst, dann versiegt eure Informationsquelle. Auch

POETISCHES

gut. Bis ihr dann mehr herausgefunden habt, haben die den grauen Lümmel längst ins Jenseits befördert. Er ist umstellt. Dutzende Jäger liegen auf der Lauer. Cano hat keine Chance. Es sei denn ...» Er legt eine vielsagende Pause ein. Bra lockert den Griff und der Uhu plustert sich abermals auf. «Es sei denn, wir lenken sie ab.»
«Wir, hast du eben WIR gesagt?», frage ich aufgeregt. «Heisst das, dass du, gütiger, weiser Uhu, uns helfen willst?»
«Hör auf mit der Heuchelei!», zischt der Vogel. «Füchsen trau ich nicht – aber lieber mit euch zusammenarbeiten als mit den Menschen. Die nehmen langsam, aber sicher zu viel Raum ein. Wir müssen uns wehren. Und warum nicht damit beginnen und Cano und sein stolzes Weib retten?»
Ohne sich weiter um uns zu kümmern, macht er einen Hüpfer, hebt ab und steuert den Bergfried an. «Lasst uns schlafen, heute Abend machen wir uns auf den Weg.»

Durch Wald und Wiese zum grossen Moor

Bra und ich ducken uns unter einigen losen Steinen des Bergfrieds. Es ist unschwer zu erschnüffeln, dass das enge, stickige Loch bis vor kurzem von Dachsen bewohnt worden ist. Ich überlege, ob ich den Uhu nach der eigenbrötlerischen Bande fragen soll, denke dann aber, dass ich den Alten nun doch besser dösen lasse.
Er hat sich auf seinen Schlafbaum zurückgezogen. Mit halbgeschlossenen Augen starrt er reglos in die Weite. Ober er schon schläft oder nur so tut, keine Ahnung. Und eigentlich ist es auch nicht wichtig zu wissen, was aus den fetten Marderartigen mit den schwarz-weissen Masken geworden ist. Hauptsache, Bra und ich haben eine Art Bau, der uns schützt. Denn kaum ist der Tag richtig angebrochen, beginnt das Drunter und Drüber in der Ruine. Von allen Seiten strömen wandernde Naturfreunde auf den Hügel, johlen, plaudern, entfachen Feuer und essen Würste, Käse und Mais. Der Duft wahrer Götterspeisen kitzelt unsere Nasen und es ist ein Segen, dass Graureiher und Lammreste

den Magen schön gefüllt halten. Ich wäre sonst im Stande und würde versuchen, eine Wurst aus dem Feuer zu holen. Mitten am Tag. An Schlaf ist in diesem Getümmel nicht zu denken. Bra kratzt sich, rollt sich abermals ein. Aber auch er findet keine Ruhe. Ob er Angst hat? Ob er an Bo denkt? Ich habe Angst, ich denke an Bo – und an Sue. Und an unsere Welpen.

Es wird ein Tag zum Vergessen. Und als all das Menschenvolk endlich abgezogen ist und alles aufgegessen hat, knurrt mein Magen. Meldet sich meine Blase und mein ganzer Körper fühlt sich verletzlich und schwer an. Und das ausgerechnet jetzt, wo uns ein zermürbender Weg in die Voralpen bevorsteht. Bra geht es nicht besser und auch der Uhu starrt uns grimmig an, als er endlich von seinem Baum heruntergleitet. «Reisst euch zusammen», murmelt er. «Ihr wollt Helden spielen, also seid auch Helden!» Ohne weiter auf unseren Zustand oder unseren Hunger zu achten, hebt er ab und gleitet davon. Wir tun gut daran, ihm zu folgen.

Mehr als einmal verlieren wir ihn aus den Augen, mehr als einmal muss er auf uns warten. Seine Laune wird schlechter. Und als es ihm auch noch misslingt, einen Waldkauz zu greifen, schlägt seine Stimmung in bitterböse Wut um: «Dreckpack! Allesamt!»

Zornig fliegt er weiter, macht eine scharfe Drehung und segelt ohne Aufhebes über einen hohen Felsen, den Bra und ich nie und nimmer in vernünftiger Zeit überqueren können. Der Uhu ist verschwunden. Mein Instinkt sagt mir, dass wir einfach dem Wasser folgen. Erst gegen Morgen erreichen wir eine etwas höher gelegene, offene Landschaft. Schon von weitem leuchten uns die weissen Stämme von Birken und die silbrigen, wogenden Blüten der Wollgräser entgegen. Und ich rieche den Duft von Moorwasser – und von Meinesgleichen. Aber die Episode im Auengebiet hat tiefe Narben hinterlassen. Im Pelz und im Gehirn. Ich blicke zu Bra. Er denkt wohl dasselbe. Und doch müssen wir es wagen. Langsam nähern wir uns dem Waldrand, der gegenüber dem Moor liegt. Hohe, alte Fichten mit ausgehöhlten Wurzelstöcken stehen finster umher. Tief unter den Wurzeln können wir sie riechen, und ehe wir so richtig den Tatterich bekommen können, lugt eine Schnauze aus der

POETISCHES

Erde. «Wer da?», brummt eine tiefe Stimme. «Ähm, ich, ähm, wir, eh, wir kommen aus der Stadt und haben den weisen Uhu verloren», stottere ich. Die Schnauze kriecht ganz aus dem Loch und nähert sich uns mit aufgestelltem Nackenhaar. Der alte Fuchs, ein wahrer Greis, begutachtet uns eine ganze Weile, ehe er antwortet: «Und warum öffnet ihr nicht die Augen, ihr Schlaumeier?»

Er macht eine leise Kopfbewegung hinaus zu den weissen Birken. «Der Uhu sitzt schon eine halbe Ewigkeit auf der hohen Birke im Moor. Er hat einen Hasen geschlagen und stopft sich voll damit. Alter Egoist. Unsereins leidet Hunger!»

Ich wage fast nicht, den Kopf zu drehen. Noch bin ich unsicher, was uns hier erwarten könnte. Ich schaue dem Greis tief in die Augen. Und erkenne Frieden. «Wir sind auf dem Weg, um Cano zu helfen. Weisst du etwas?», steige ich direkt ins Gespräch ein. Der Greis schnalzt mit der Zunge: «Eine ganz üble Geschichte!»

Er denkt nach: «Aber sag bloss, was hat der Uhu damit zu tun?»

Bra und ich klären den fremden Fuchs, der alsbald Gesellschaft von einer mindestens zehnköpfigen Sippe erhält, auf. Er nickt «Klingt logisch. Aber warum habt ihr ihn verloren?»

Bra kann sich nicht mehr halten: «Du hast ja selber gesagt, er sei ein Egoist. Und als er Hunger hatte, ist seine Laune nach einem missratenen Jagdversuch grässlich schlecht geworden.»

Bra will nach Luft schnappen, um weiter über den Uhu zu lästern. Aber so weit kommt es nicht. Lautlos, wie das bei diesen Tieren ist, segelt der Uhu auf Bra zu und verpasst ihm mit seiner Kralle eine ordentliche Ohrfeige. «Sei einfach still, du Nichtsnutz», sagt der Uhu und lacht hämisch. «Mir geht's wieder blendend, der Hase war lecker! Aber ihr beiden seht übel aus.»

Sein Spott dauert an. Dann hebt er ab, kehrt aber alsbald wortlos zurück und schmeisst uns eine tote Krähe vor die Füsse. In der Sippe beginnt ein Zähnefletschen und Knurren, aber der Greis sorgt für Ordnung: «Unsere Gäste haben eine lange Reise hinter sich und eine schwere Aufgabe vor sich. Sie sollen sich stärken. Und wenn ihr satt seid, laden wir euch in unseren Bau ein. Dort können wir ungestört reden.»

Er versäumt es nicht, dem Uhu einen verächtlichen Blick zuzuwerfen. Doch der kümmert sich nicht wirklich darum: «Schon gut, ihr Parasiten. Wir sehen uns heute Abend wieder. Wenn ihr euren Cano noch lebend sehen wollt, dann müsst ihr endlich richtig auf die Füsse kommen!»

Den ganzen Tag verschlafen und verplaudern wir im grossen Höhlensystem der Hochmoor-Füchse. Eine rundum gemütliche Sippe, der ich mich sofort anschliessen würde, wären da nicht der Stadtpark und Sue und meine Welpen.
Die Gastgeber versorgen uns mit Tipps, wissen, wo Gefahren lauern und Chancen wahrgenommen werden können. «Wir kennen uns aus im Gebiet», sagt der Greis. «Aber ich bin zu alt, um euch zu begleiten. Verstärkung braucht ihr aber. Darum schlage ich vor, dass Mira euch begleitet.»
Bra und ich schauen uns etwas ratlos an. Mira? Eine Fähe? Bra leckt sich die Lefzen. «Gute Wahl», kläfft er. «Willst du sie nicht erst kennenlernen?», rügt ihn der Greis und murmelt etwas Unverständliches in die Dunkelheit der Höhle. Kurze Zeit später taucht elegant und sehr edel eine Fähe auf, die uns aus klugen Augen begutachtet. «Ich bin Mira», haucht sie. «Mira, die Unerschrockene. Ich hoffe, ihr habt die Fähigkeit, mir und dem weisen Uhu mühelos zu folgen.»
Damit wendet sie sich wieder ab.
Bra und ich bleiben mit offenen Mäulern zurück und entscheiden, dass es wohl klug wäre, ein wenig zu schlafen und Kräfte zu sammeln.

Canos Rettung in den Voralpen

Noch bevor die ersten Sterne am Himmel leuchten, brechen wir auf. In ruhigem Trab folgen wir Mira. Sie führt uns zusammen mit dem Uhu über den direktesten Weg zu den felsigen Alpweiden. Schon von weitem vermischen sich Düfte von Gämsen, Steinböcken und Auerhühnern in unseren Nasen. Aber auch der stallige Geruch von altem Kuhdung und kalten Alphütten ist unschwer zu erkennen. Nach Wölfen aber riecht es nicht. Dafür nach Menschen. Der Uhu deutet uns an, dass wir rasten sollen. Er bricht zu einem Erkundungsflug auf. Nach einiger Zeit ist er zurück. «Menschen, überall im Gebüsch ho-

cken Menschen. Und überall liegt Fressen! Das sieht nicht gut aus.»
Mira bricht die entstandene Stille als Erste: «Sie versuchen, die Wölfe in die Falle zu locken. Ein gutes Zeichen.»
Bra will sie unterbrechen, aber noch bevor er seine Schnauze aufreissen kann, kriegt er einen ordentlichen Flügelschlag des Uhus ab.
«Ein gutes Zeichen», sagt Mira erneut. «Die Wölfe sind also noch am Leben.»
Das leuchtet ein. Auch dem widerspenstigen Bra!
«Mit uns machen sie es genauso», fährt die Fähe weiter. «Sie platzieren überall feines Fressen im Winter, locken uns zu diesen Luderplätzen und erschiessen uns, wenn wir nicht wachsam sind.» Sie senkt den Kopf. «Meine Brüder hat es letzten Winter alle getroffen. Sie waren so töricht!»
Ich möchte etwas Tröstendes sagen, aber meine Kehle ist trocken.
«So sind sie, die Menschen. Immer gegen die Natur. Obwohl sie Teil davon sind.»
Der Uhu schaut weise und sinnend in die graue Nacht. «Wie gehen wir also vor?» Er antwortet sich gleich selber.» Wir müssen die Menschen ablenken. Wir kreisen sie ein, wir verwirren sie mit unseren Schatten und Lauten.»
Wir nicken. «Aber», fragt Bra, «ob wir Vier das alleine schaffen?»
«Wo Cano wohl steckt?»
Der Uhu antwortet nicht sogleich auf meine Frage. Aber dann sagt er: «Die Menschen haben sich rund um einen Felsen platziert. Ich denke, dass Cano sich dort in einer tiefen Ritze versteckt hat. Wenn man den Gerüchten glauben will, so hockt er schon seit Tagen ohne Wasser und Futter in diesem Verlies. Bald werden ihn seine Kräfte verlassen.»
«Dann nichts wie los», sagt Mira und geht mit stolzem Blick voran. Wir anderen folgen ihr lautlos. Erst, als wir die Menschen sehen, verteilen wir uns und beginnen mit unserem heiseren Gebell. Auch der Uhu lässt seinen schauerlichen Ruf ertönen. Die Rechnung geht auf: Die Menschen, die auf der Lauer liegen, lassen sich ablenken, beginnen, ihre Plätze zu verlassen und wild durcheinander zu flüstern. Aber wir freuen uns zu früh. Wir sind zu wenige. Mindestens einer mehr müsste da sein, um Cano sicher aus seiner Falle zu befreien. Vielleicht hockt auch seine Gefährtin in derselben Spalte gefangen.
«Warum bloss kamen nicht mehr

aus deiner Sippe mit?», sagt Bra zu Mira. «Ich dachte, du seist so klug.»
«Hör bloss auf», rüge ich meinen Freund.

«Er war schon immer ein Frechdachs!»
Die fremde Stimme lässt mich erzittern. Die kenne ich. Und möchte sie doch nicht kennen. Auf einen Schlag ducken wir uns alle, selbst der Uhu fliegt auf einen hohen Baum in Sicherheit.
«Braucht ihr Hilfe oder braucht ihr Hilfe?», fragt die Stimme. «Los schon, wir dürfen keine Zeit verlieren.»
Mir läuft ein kalter Schauer über den Rücken. Vor uns steht der leibhaftige Mauro. Der aggressive Gefährte von Mona aus der Aue, der uns verraten hat.
«Schaut nicht so», sagt er etwas verunsichert. «Ich bin euch gefolgt. Ich will euch helfen.» Er hält inne: «Es tut mir so leid, was ich getan habe. Ich war wie von Sinnen damals.»
Wir bleiben alle still und wissen nicht, was wir sagen sollen. Natürlich ist es wieder die kluge Mira, die als Erste die richtigen Worte findet: «Wir dürfen keine Zeit verlieren. Deine Position ist dort drüben.» Sie neigt den Kopf nach links. «Wenn dir deine Entschuldigung ernst ist, dann erlaub dir keinen Fehler!»
Wortlos schleichen wir alle zurück und wagen uns erneut in die Hölle der Jäger. Mira prescht vor, als alles durcheinandergerät, und schafft es tatsächlich, Cano und seine Wölfin aus der Ritze zu locken und trabend in Sicherheit zu bringen. Erst als der Uhu Entwarnung gibt, beenden wir unser Bellen und düsen wie von Sinnen zurück in den Schutz der Nacht. Gewehrsalven ertönen, Flüche durchbrechen die Nacht, Stimmengewirr und Geschrei schrecken alle auf, die hier oben leben. Ohne Rast hetzen wir zurück ins Hochmoor, wo der Greis und seine Sippe schon mit einer stattlichen Anzahl gefangener Mäuse auf uns warten. Wir hecheln, wir zittern, wir weinen und wir lecken uns. Cano kann sich kaum mehr auf den Beinen halten, er ist bis auf die Knochen abgemagert, sein silbriges Fell ist matt und filzig. «Danke, Freunde, das war knapp!»
Er schaut uns einen nach dem anderen an. Am Schluss bleibt sein Blick bei Mauro hängen: «Du hier, Mauro?»
«Manchmal ist es an der Zeit, sein Leben lebenswerter zu machen»,

POETISCHES

sagt Mauro leise.
Cano nickt. «Danke, Mauro. Jeder macht Fehler. Was für eine dumme Idee, mich den Alphütten zu nähern. Ich müsste es besser wissen. Unsereins steht ganz zuoberst auf der Abschussliste.» Traurig klemmt er seinen struppigen Schwanz zwischen die Hinterbeine, trottet wortlos ins Unterholz und legt sich zitternd hin. Seine Gefährtin tut es ihm gleich. Nicht eine einzige Maus haben sie gefressen. Der Hunger scheint weniger gross zu sein als die Erschöpfung. Armer Cano!
Ich wende mich Mauro zu und suche nach Worten: «Du hast nach deinem Unfall sehr leiden müssen. Wir sind froh, dass du bei uns bist. Danke!»
Der Uhu neigt seinen Kopf leicht zur Seite: «Ich bin dann mal weg. Ihr findet den Weg ohne mich. Eigentlich mag ich es nicht, wenn man mich in Gesellschaft von euch Stinktieren sieht.»
Er hebt lachend ab. «Aber immer noch besser, einen kleinen, roten Stinker zum Gefährten zu haben, als einen schiesswütigen Menschen!»
Wir nicken. Wir fressen. Wir schlafen. Freunde!

Dachs zwischen Wacholderbüschen.

2 POETISCHES

Ein Tag im Leben von ... oder Wer bin ich?

Ob Tanne, Waldameise, Fuchs oder Eule: Eine meiner Klassen musste sich wöchentlich aktiv mit einer Pflanze oder einem Tier befassen und einen Text dazu ins Waldtagebuch schreiben. Sie suchten Spuren, benutzten die frei zugänglichen Bestimmungsbücher – und natürlich ihre Fantasie, die sich mit jedem Eintrag sichtbar steigerte. Erste Versuche waren anfangs recht knapp – aber einige Kinder hatten sich schon beim dritten Eintrag die tollsten Abenteuer ausgedacht. Da gab es junge Igel, die ins Käferfang-Camp mussten, Füchse, die den Jagdschein machen mussten oder Tannen, die lernen mussten, richtig schön zu rauschen, wenn der Wind sie kitzelt. Der Fantasie sind bei solchen Einträgen keine Grenzen gesetzt, die Lehrperson achtet lediglich darauf, dass nicht falsche Fakten (Füchse jagen nicht gesunde, ausgewachsene Rehe) abgespeichert werden. Kinder aus der Basisstufe, die noch nicht schreiben, gestalten zeichnerische Beiträge, welche sie mit einzelnen Stichwörtern bereichern können. So ist es auch ihnen möglich, ein ansprechendes Tagebuch als Erinnerungsdokument zu machen.

Fantasievolle Kurztexte über Fauna und Flora, die gespickt sind mit wissenswerten Fakten, eignen sich auch sehr gut, um das Hören, Lesen und Verstehen zu fördern. Egal, ob draussen oder drinnen, ob daheim oder während des Deutsch- oder Sachkundeunterrichts im Freien.

In der Folge finden sich über 40 Kurztexte zu Naturbewohnern, die auch als Rätseltexte funktionieren. Ob als Familie oder Schule: Finden sich beim Spaziergang zum Beispiel vor einem Erdloch einige Federn, kann man den Kindern den passenden Text dazu vorlesen.

Die meisten Texte wurden als Rätsel erprobt und hielten beim kritischen Publikum stand. Sie sind nach Lebensräumen geordnet, so dass von der Stadt bis zu den Voralpen für jeden Ausflug in die Natur etwas dabei ist.

Hinweis zu «Ein Tag im Leben von ...». Wer daraus ein Rätsel machen will, lässt den «Familiennamen» weg und liest den Text mit dem Rubriktitel «Wer bin ich?»

POETISCHES

GARTEN – PARK – ALLEE

BASTI EICHHORN

Ich heisse Basti und ich bin ein ungeduldiges Tier. Immer in Eile. Wenn ihr in meinem Revier seid, dann sollte ich mich eigentlich stillhalten, damit ihr mich nicht seht. Das mag ich nämlich ebenso wenig wie all die anderen Wildtiere auch. Ich bin scheu, schreckhaft und sehr vorsichtig. Aber eben doch auch furchtbar neugierig. Könnte ja sein, dass da irgendwo etwas zum Naschen, Verstecken oder Fressen rumliegt. Im Herbst legen wir Vorräte an, die wir dann in der Zeit der Winterruhe fressen. Manchmal sind wir etwas schusselig und dann finden wir nicht mehr alle Vorräte.

Aber zurück zu meiner Ruhelosigkeit: Die Ungeduld siegt meistens, und obwohl ich euch schon längst bemerkt habe, schwinge ich mich elegant von einem Ast zum anderen – dabei benutze ich meinen buschigen Schwanz, um die Balance zu halten. Manche von uns sind nussbraun, andere, Zugezogene, etwas kleiner und dunkler. Ich klettere wie der Blitz rauf und runter, wechsle im Flug die Baumkronen und husche schliesslich in eines meiner kugelförmigen Nester, die Kobel. In einem säugt meine Frau meist eine Handvoll Junge. Um genügend Nahrung zu kriegen, fressen ich und meinesgleichen nicht nur Nüsse und Samen, Pilze und Beeren. Manchmal räubern wir Vogelnester aus. Vogeleier sind Delikatessen. Darum: Hört ihr im Wald plötzlich ein lautes Gezeter von Amseln oder anderen Singvögeln, bin ich, Basti, nicht weit entfernt.

SPUREN: Schuppen von Tannzapfen am Waldboden, angeknabberte Tannzapfen.

DAHEIM: Im Wald, in Hecken und Alleen, in Parks und wilden Gärten.

Frassspuren der Eichhörnchen.

Blitzschnell unterwegs: Das Eichhörnchen.

POETISCHES

GARTEN – PARK – ALLEE

KALLE KLEIBER

Ich heisse Kalle und mag es nicht besonders, wenn ihr mich bei meinem Zweitnamen «Spechtmeise» nennt. Ich kann nämlich klettern, ohne meinen Schwanz als Stütze zu gebrauchen. Das schafft ein Specht nie und nimmer, weil seine Füsse nicht so kräftig sind wie die von mir. Warum ich dennoch Spechtmeise genannt werde? Weil ich liebend gerne Spechthöhlen beschlagnahme, um selber darin zu wohnen. Natürlich lassen sich Spechte das nicht gerne gefallen und versuchen, mich und meine Brut unschädlich zu machen. Meistens aber kommen sie zu spät. Bis dahin habe ich den Eingang zur Höhle mit viel Lehm und Dreck zugemauert, respektive so sehr verkleinert, dass nur noch ich durchs Loch passe. Clever, oder? Mit Bauen, der Brut und Aufzucht und der Futtersuche bin ich, der als einziger Vogel auch kopfüber klettern kann, von morgens bis abends rundum beschäftigt. Ich und meine Familie mögen es, wenn in Parks und Gärten ganz viele Pflanzen mit Samen stehen bleiben und die Natur so gestaltet ist, dass sich auch Insekten wohlfühlen. Denn sie sind Leibspeise von mir und meiner Familie.

SPUREN: Zugemauerte, verklebte Baumhöhlen.

DAHEIM: In wilden Gärten, in Parks, im Wald.

Ein guter Maurer und ⟨...⟩ kopfüber: Der Kleiber.
(AdobeStock)

WALTER SPECHT

Dreizehenspecht am Feldberg.
Er stützt sich mit dem Schwanz ab.

POETISCHES

GARTEN – PARK – ALLEE

WALTER SPECHT

Wir stammen aus einer grossen Verwandtschaft. Einige von uns sind bunt, andere grün, andere grau, ich bin schwarz, einige sind klein oder mittel, andere wiederum haben nur drei Zehen. Und diese äusseren Merkmale geben uns den exakten Namen. Etwas aber haben wir alle gemeinsam: Wir sind gute Kletterer, haben starke Krallen und mit dem Schwanz stützen wir uns ab, wenn wir an Baumstämmen hochklettern und Nahrung suchen. Mit unseren starken Schnäbeln gelingt es uns problemlos, Insekten und deren Larven unter den Baumrinden hervorzuklopfen. Wir bauen auch unsere Bruthöhlen in Baumstämme. Am liebsten mögen wir Totholz. Dort wimmelt es von Larven – Leckerbissen für uns. Unsere markanten Rufe und unser Trommeln hallen von morgens bis abends durch die Wälder und Parks. Unser Gehirn ist so gut geschützt, dass es vor lauter Klopfen und Trommeln nicht kaputt geht. Wir haben so eine Art Stossdämpfer im Kopf. Ich persönlich trage zu meinem schwarzen Gefieder eine sehr markante rote Haube.

SPUREN: Löcher in Totholz und an Baumstämmen, «Schmieden». Gut hörbar: Das Trommeln.

DAHEIM: In Alleen, im Wald, in Parks.

Schwarzspecht.

Spechtschmiede. Fixierte, aufgehackte Nuss in der Baumrinde.

Wichtiges Element im Wald: Der tote Baum, Futter- und Brutplatz für Spechte und andere Höhlenbrüter.

POETISCHES

GARTEN – PARK – ALLEE

ERNA EICHE

Ich kann uralt werden. Einige meiner Schwestern sind schon fast 1000 Jahre alt. Ihr könnt euch vorstellen, was die alles miterlebt haben: Ritter und den Aufbau von Burgen, die Gründung der Eidgenossenschaft, unzählige Kriege, die Reformation und vieles mehr. Aber vor allem haben wir alten Bäume mitbekommen, wie sich die Natur verändert hat – und das Leben der Menschen. Früher frassen nicht nur Wildschweine und Vögel unsere nahrhaften Früchte – auch

Eicheln, die Früchte der Eiche.

die Menschen waren ganz scharf darauf, um eine Art Kaffee herzustellen oder das Mehl zu strecken. Auch ihre eigenen Hausschweine brachten sie zu uns, damit die sich sattfressen konnten. In unserem Geäst und den manchmal ordentlich knorrigen und löchrigen Stämmen finden unzählige Tierarten Unterschlupf und Nahrung. Wir sind für die ökologische Vielfalt unverzichtbar. Und wir vertragen die zunehmende Hitze als Buchengewächse etwas besser als Tannen und Fichten. Wir gehören übrigens zu den ältesten Bäumen, die es je auf der Erde gegeben hat – mit anderen Worten, wir waren fast von Anfang an dabei. Und ausser in Australien wachsen wir überall. Am liebsten aber in Europa und Nordamerika. Gerade bei euch schmücken wir oft wunderschöne Parkanlagen und Alleen. Übrigens geben wir dem einen oder anderen Tier, das ihr gut kennt, unseren Namen.

SPUREN: Die lustigen Früchte, die ihr im Herbst findet, und die schön geformten Blätter. Mit meinen Früchten lässt es sich auch gut basteln.

DAHEIM: In Parks, Alleen, Gärten, Wäldern.

Imposant und ökologisch unverzichtbar: Die Eichen. *(AdobeStock)*

POETISCHES

GARTEN – PARK – ALLEE

RUDI RABENVOGEL

Also, von uns gibt es viele. Ich, der hier erzähle, bin der grösste von allen, lebe gerne in höheren, eher felsigen Wäldern und bin nicht so gesellig wie all die anderen. Und bei Erna Eiche findet ihr den Vorlautesten von uns. Er ist der grosse Verräter im Wald, nichts entgeht ihm und er alarmiert mit seiner lauten, gellenden Stimme alle, die es hören wollen. Anschleichen – wenn er in der Nähe ist – ist ausgeschlossen. Wir alle sind extrem klug und lernfähig. Wir haben unter anderem herausgefunden, dass wir Nüsse zum Knacken auf die Strasse werfen können – dann warten wir, bis ein Auto die Nuss überfährt und die Schale bricht. Danach schlagen wir zu. Am besten kennt ihr diejenigen aus unserer Familie, die manchmal in Scharen auf frisch angesäten Feldern unterwegs sind und krächzend nach dem Saatgut suchen. Viele Leute hassen uns, aber das ist unfair, wir können ja nichts für unsere Klugheit. Wir sind bezüglich Ernährung sehr vielseitig und fressen fast alles. Und ob ihr glaubt oder nicht – auch wenn wir keine Engelsstimmchen haben, gehören wir zu den Singvögeln. Einige von uns sind als Landschaftsgärtner tätig. Wir verstecken im Herbst Vorräte – vergessen sie zuweilen, und im Frühjahr keimen die Samen von Arven und Eicheln. So sorgen wir dafür, dass Baumarten in neuen Gebieten gedeihen können. Ach ja, und wir sind sehr soziale, gesellige Wesen. Paare bleiben sich ein Leben lang treu und Forscher haben herausgefunden, dass wir sogar Gefühle zeigen können – also zum Beispiel Trauer, wenn unser Partner oder Kinder sterben. Übrigens: Wir verbauen in unsere Nester allerlei Abfall, den wir finden: Überreste von Netzen und Schnüren und Plastik beispielsweise. Das ist gefährlich für unsere Kinder, die sich manchmal damit strangulieren. Darum ist es gut, wenn ihr Menschen keinen Abfall in der Natur liegen lasst.

Elster im Garten.

Kolkrabe im Wipfel einer Fichte.

SPUREN: Nussschalen auf Strassen, Nester in Bäumen, oft entlang von Strassen.

DAHEIM: Überall in der Nähe der Menschen, in Wäldern, in den Bergen (Dohlen), in Parks.

2 POETISCHES

GARTEN - PARK - ALLEE

IGNAZIO IGEL

Es ist ein falsches Gerücht, dass ich im Wald leben würde. Ich ziehe Hecken und vor allem wilde Gärten und Parks vor. Und ich bin auch kein Vegetarier, wie viele denken. Ich brauche Fleisch, um zu leben – und so mache ich mich an Regenwürmer, Käfer, Larven, Raupen und dergleichen ran. Und ja, ich fresse auch Schnecken, aber meine Leibspeise sind diese schleimig-klebrigen Dinger nicht. Wir sind dämmerungs- und nachtaktiv. Wenn ihr mir mitten am Tag begegnet, dann bin ich krank, habe Hunger oder Durst. Das ist sowieso ein grosses Thema geworden: Die zunehmende Hitze und Trockenheit lässt uns verdursten und oft finden wir in euren ausgeräumten Gärten auch nicht mehr genug zu fressen. Wenn wir uns paaren im frühen Sommer, machen wir ziemlich Lärm. Ansonsten merkt ihr wenig von uns. Solltet ihr uns doch mal begegnen und uns zu nahe kommen, rollen wir uns ein und zeigen euch unsere Stacheln. So schützen wir uns auch gegen Fressfeinde. Wir sind

Säugetiere. Unsere Jungen kommen recht spät im Sommer zu Welt – bis im November, wo wir ein Winterquartier aufsuchen, um einen langen Winterschlaf zu halten, sollten sie

Igel bei Dämmerung auf Futtersuche. Regenwürmer und Larven mag er besonders gern.

sich genügend Reserven angefressen haben. Ach ja, das mit dem Winterquartier: Bitte, bitte, lasst uns grosse Laub- und Asthaufen in euren Gärten zurück!

SPUREN: Kleine schwarze Kotwürmchen im Rasen.

DAHEIM: In Gärten, Parks, Hecken.

BÄCHE – TEICHE – FLÜSSE AUEN – FEUCHTGEBIETE

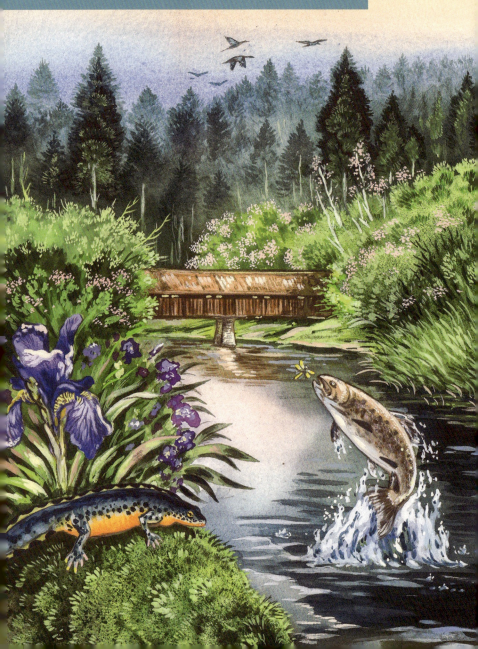

BÄCHE – TEICHE – FLÜSSE
AUEN – FEUCHTGEBIETE

WANJA WASSERAMSEL

Ich bin eine Ausnahmeerscheinung! Ich bin ein Singvogel und tauche und schwimme besser als ihr alle zusammen! Ich kann bis zu einem Meter tief tauchen und meine Flügel dienen dann als Ruder, um unter Wasser vorwärtszukommen. Was ich dort unten tue? Ich jage winzige Fische, Insekten und Wasserschnecken, Kleinkrebse und Larven von allerlei Getier, das im Wasser seine ersten Lebenswochen verbringt. Ihr trefft mich nur an sehr, sehr sauberen, rasch fliessenden Gewässern an. Wo ich lebe, ist das Wasser in Ordnung. Ich habe gerne geröllhaltige, wilde Bäche in höheren Lagen. Auch darum, weil ich dort genügend Nischen entlang des Ufers finde, um mein Nest zu bauen. Meine Jungen haben eine grau gefleckte Ober- und eine schmutzig gelbe Unterseite. Sie können schwimmen, sobald sie alt genug sind, das Nest zu verlassen. Ich selber bin braun bis dunkelbraun. Mein Markenzeichen ist die schneeweisse Brust. An ihr könnt ihr mich sofort erkennen. Ich bin etwa gleich gross wie eine normale Amsel – aber etwas rundlicher.

SPUREN: Nester in Felsspalten oder unter ausgeschwemmten Wurzeln entlang des Baches.

DAHEIM: An sehr sauberen, eher kleineren Fliessgewässern.

Typisches Merkmal der Wasseramsel: Die weisse Brust.

POETISCHES

BÄCHE – TEICHE – FLÜSSE
AUEN – FEUCHTGEBIETE

PIRMIN BIBER

Die Indianer Nordamerikas sagen, ich sei fast wie ein Mensch. Weil ich so gut Holz fällen, Dämme bauen und Wasserläufe stauen kann. Stimmt schon, ich und meine Familie sind richtige Baumeister. Wir tun das nicht etwa aus purem Spass, ganze Flüsse stauen und umleiten und ganze Gebiete überschwemmen. Wir brauchen einen guten Lebensraum, einen Eingang in unsere trockene Wohnung, der sogenannten Burg – und einen Tummelplatz, in dem wir möglichst nahe an unser Futter schwimmen können. Und wenn die natürlichen Wasserläufe das nicht ermöglichen, dann helfen wir eben nach. Wir nagen Stämme an, fällen Bäume, fressen die Blätter und schleppen das Bauholz zu Dämmen und Burgen. Und manchmal erlauben uns die Stauseen, dass wir beispielsweise bis an den Rand eines leckeren Maisfeldes schwimmen können. Was für ein Festessen! Die Bauern mögen das nicht. Verstehe ich ja! Aber unsere Art zu leben fördert dafür das Leben von unzähligen Tier- und Pflanzenarten. Sie profitieren von unseren einmalig schönen Wasserlandschaften.

SPUREN: Dämme, Burgen und gefälltes Holz, Rutschen (platt gedrückte Vegetation als Aus- und Einstieg ins Wasser).

DAHEIM: In Auen, Fliessgewässern.

Biber. *(Wikipedia)*

Typische Biberspur: Frische Äste im seichten Wasserlauf.

Der Baumfäller war am Werk.

2 POETISCHES

*BÄCHE – TEICHE – FLÜSSE
AUEN – FEUCHTGEBIETE*

MONA ECHSE

Was meint ihr? Amphibie oder Reptil? Überfragt? Okay, dann erkläre ich euch mal den Unterschied: Es gibt in der Schweiz 19 Amphibienarten und 14 Reptilienarten. Viele davon sind gefährdet, und darum sind sie geschützt. Im Frühjahr, kaum wird es etwas wärmer, kriechen Erdkröten und Grasfrösche aus den Böden und machen sich auf den Weg in ihre Heimatgewässer, um zu laichen. Dabei hocken die kleinen Männchen auf den Weibchen, um die Eier, die das Weibchen ins Wasser ablegt, zu befruchten. Das ist immer ein grosses Gerangel, weil es meist viel mehr Männchen als Weibchen gibt.

Amphibien werden auch Lurche genannt; Kröten und Frösche gehören dazu, aber auch Molche, Unken und Salamander. Die meisten Arten beginnen ihr Leben als Larve oder Kaulquappe im Wasser, gehen später mit einer richtigen Lunge und vier Beinen ausgerüstet an Land und leben dort weiter. Der Alpensala-

Der Alpensalamander.

Grasfrösche bei der Paarung im Gartenteich.

mander aber, der bringt kleine «Salamänderchen» zur Welt, die schon fertig entwickelt sind bei der Geburt. Alle Lurche haben eine feuchte, oft schleimige Haut mit vielen Drüsen, die manchmal auch Giftstoffe gegen Feinde absondern. Sie mögen es eher feucht und kühl.

Die Haut der Reptilien ist genau gegenteilig, sie ist trocken und schuppig und Reptilien sonnen sich gerne. Die bekanntesten Vertreter von uns – genau, ich selber bin ein Reptil – sind die Echsen und Schlangen. Und ich bin sehr speziell: Ich sehe wie eine Minischlange aus – bin aber einfach nur eine beinlose Echse. Ich gehe meist in der Abenddämmerung oder in den frühen Morgenstunden auf die Jagd nach Regenwürmern, Schnecken und Raupen, die keine ekligen Haare haben. Ich habe viele Feinde und tu mich zunehmend

POETISCHES

schwer mit Überleben – obwohl ich sehr anpassungsfähig und genügsam bin. Ich stehe bei vielen Vogelarten, bei Füchsen, Dachsen, Igeln, Mardern, Katzen, Hunden und sogar Hühnern auf dem Speiseplan. Aber mein grösster Feind, das seid leider ihr Menschen: Gifte und die Zerstörung des Lebensraums machen mir und meinesgleichen den Garaus. Manchmal bin ich froh, wenn es Winter ist. Den verbringen wir in frostsicheren Erdlöchern und warten in Kältestarre auf den Frühling. Meist sind wir bis zu 30 Tiere an einem Haufen in unseren Verstecken.

SPUREN: Selten Hautfetzen, die von der letzten Häutung stammen (nicht ganzes Stück wie bei Schlangen).

DAHEIM: Am liebsten in Wiesen und Laubwäldern, aber eigentlich fast überall möglich.

Mauereidechse.

Die Erzählerin:
Die Blindschleiche.

BÄCHE – TEICHE – FLÜSSE
AUEN – FEUCHTGEBIETE

MAX GÄNSESÄGER

Ich bin ein Entenvogel aus der Gattung der Säger und grösser als eure Stockenten, die ihr oft am Wasser seht. Und ich bin in eurem Land eher eine Rarität, bin aber froh, dass ich bei euch noch die Lebensgrundlagen finde, die meinem Fortbestand nützen. Ich brauche sauberes Wasser mit einem guten Nahrungsangebot (vor allem Fische, Krebse, Amphibien) und in der Nähe des Wassers einen Wald mit alten Bäumen oder Felsen mit Nischen. Denn ich bin ein Höhlenbrüter – und habe darum öfters mal Streit mit Spechten und Eulen! Unsere Jungen schlüpfen also in einer Baumhöhle und stürzen sich nach dem Schlupf ins Ungewisse, indem sie ihrer Mutter aus der Bruthöhle nachspringen und hin zum Wasser folgen. Meine Frau schaut alleine für die Aufzucht der Jungen. Unser Stammzuhause ist Nord- und Nordosteuropa. Wir sind gesellige Tiere und man trifft manchmal ganze Kolonien an, die sich auf Geröllflächen an Flüssen ausruhen und das

Gänsesäger mit Nachwuchs auf der Emme.

Gefieder putzen. Je nach Grösse unserer Hauben sehen wir manchmal aus wie kleine Hippies. Die kleinen Lamellen am Schnabel und vor allem der Haken vorne sind auch auffällig. Wenn die Mutter auf dem Wasser unterwegs ist, folgen ihr die Kleinen quasi im Gänsemarsch – schön eines nach dem anderen. In den ersten 10 Lebenstagen dürfen sie manchmal auch auf dem Rücken der Mama mitreiten.

SPUREN: Selten sichtbar, eventuell mal eine Feder.

DAHEIM: Flüsse, Seen.

POETISCHES

BÄCHE – TEICHE – FLÜSSE
AUEN – FEUCHTGEBIETE

GABRIEL GRAUREIHER

Bei Fischern bin ich kein gern gesehener Gast. Das hat viel mit falschen Informationen und Unwissen zu tun – und mit Futterneid. Natürlich stehe ich im Sommerhalbjahr oft in Bächen und Flüssen und warte beharrlich, bis ich im Nass einen Fisch, einen Frosch, eine fette Larve oder dergleichen erspähen und mit meinem langen Schnabel packen kann. Sehr oft aber sieht man mich auch auf Feldern rumstehen – und ich fange mehr Mäuse als eure Katze. Zum Leben brauche ich eigentlich nur hohe Bäume und Wasser – und Mäuse. Meinen Horst baue ich zusammen mit meiner Partnerin auf einem Baum. Wir gehören zu den Stelzenvögeln und erreichen mit einer Flügelspannweite von 170 Zentimetern eine ordentliche Grösse. Trotzdem sind wir mit nicht einmal zwei Kilos Leichtgewichte und wirken sehr grazil und elegant. Unser Gefieder variiert von schwarz über ganz viele Grautöne bis hin zum Weiss. Hals und Beine sind meist hell, der kräftige Schnabel ist gelb-orange. Und auf dem Kopf tragen wir zwei bis drei lange Schopffedern, die uns ein etwas zerzaustes Aussehen geben.

Jagdmethode: Warten und nochmals warten.

Typische Pose bei Hitze.

Wenn wir fliegen, ziehen wir unseren langen Hals ein. An dieser Flughaltung sind wir sehr gut zu erkennen. Die grosse Hitze im Sommer haben wir nicht so gern. Wir hocken dann meist am Wasser und spreizen unsere Flügel – damit wir keinen Hitzestau erleiden. Obwohl ich eigentlich gut schwimmen kann, bin ich sehr selten schwimmend zu sehen.

SPUREN: Fussabdrücke im Sand und Kot im Bachbett. Nester zuoberst in den Bäumen entlang des Flusses (Brut in Kolonien).

DAHEIM: An Gewässern mit Fischen und hohen Bäumen.

2 POETISCHES

*BÄCHE – TEICHE – FLÜSSE
AUEN – FEUCHTGEBIETE*

FRANZISKA FORELLE

Nur tote Fische schwimmen mit dem Strom, sagt ein Sprichwort. Das stimmt schon. Ich bin ein Raubfisch und wohne in schnell fliessenden, kalten Gewässern mit viel Sauerstoff. Und tagsüber stehe (ja man sagt dem so, auch wenn ich eigentlich liege) ich gegen

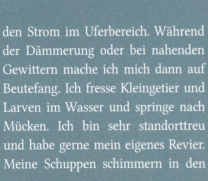

Laichgrube der Forelle im Bach.

Bachforelle. *(Wikipedia)*

den Strom im Uferbereich. Während der Dämmerung oder bei nahenden Gewittern mache ich mich dann auf Beutefang. Ich fresse Kleingetier und Larven im Wasser und springe nach Mücken. Ich bin sehr standorttreu und habe gerne mein eigenes Revier. Meine Schuppen schimmern in den Farben des Regenbogens – wenn ihr mich aus dem Wasser zieht, weise ich aber eher ein unscheinbares Graublau auf. Im Spätherbst und frühen Winter begebe ich mich zu den Laichplätzen. Ich buddle mit meiner Schwanzflosse eine Mulde ins lose Geröll des Baches und setze dort meine rund 1500

Eier rein. Mein Partner befruchtet die Eier dann und nach rund drei bis vier Monaten schlüpfen unsere Larven. Je nach Nahrungsangebot und Gewässer erreichen wir eine Grösse von 20 bis 80 Zentimetern. Ihr fischt gerne nach uns – denn auf euren Tellern gelten wir als Delikatesse. Um die grosse Nachfrage zu decken, gibt es mittlerweile grosse Zuchtbecken.

SPUREN: Im Winter Laichgruben im flachen Gewässer.

DAHEIM: In Bächen und Flüssen, die genügend Sauerstoff haben.

POETISCHES

BÄCHE – TEICHE – FLÜSSE
AUEN – FEUCHTGEBIETE

ELIAS EISVOGEL

Kingfisher nennen mich die Engländer. Solltet ihr mir begegnen, werdet ihr mich sofort erkennen, wenn ihr schnell genug seid. Mein prächtiges Federkleid schimmert auf dem Rücken in den schönsten Blautönen, am Bauch in schillernden Kupfertönen, dass ihr denkt, ein türkisblauer Pfeil sause an euch vorbei. Dabei bin ich es, der gerne am sauberen Gewässer lebt und Jagd auf kleine Fische, Larven und Kaulquappen macht. Wie gesagt, pfeilschnell bin ich. Oft sitze ich auf einem Ast, der übers Wasser reicht, und halte nach der Beute Ausschau. Im Frühjahr fische ich, um meiner Angebeteten ein Brautgeschenk überreichen zu können. Den gefangenen Fisch schlagen wir ein paarmal tüchtig auf einen Ast, damit er nicht mehr zappelt – und verschlingen ihn dann ganz. Unsere Bruthöhlen bauen wir in lockere Gesteinswände am Wasser (Sandstein ist besonders praktisch). Wir sind selten zu beobachten – obwohl sich unser Bestand in den letzten Jahren etwas erholt hat. Meist ist es unser Ruf, der uns verrät – oder eben die schillernden Farben. Aber kaum habt ihr uns entdeckt, sind wir weg, weil wir sehr schüchtern sind. Unser Schnabel ist übrigens sehr lang und markant.

SPUREN: Bruthöhlen im Gestein entlang des Wassers.

DAHEIM: An Gewässern mit genügend Nahrung und guten Voraussetzungen, um Bruthöhlen zu bauen.

Schillernd und schön.
(Landverlag, Desirée Altenburger)

Eisvogel beobachtet die Wasseroberfläche seines Stammgewässers. *(Adobe Stock)*

WALD - HECKEN

RONALDO ROTFUCHS

Sobald der Schnee schmilzt, wird die Mäusejagd wieder einfacher.

Wenn für euch Kinder der Tag beginnt, ist es für mich höchste Zeit, meinen Bau aufzusuchen und mich zur Ruhe zu legen. Nicht selten teile ich meine Behausung mit Gesellen aus meiner erweiterten Familie. Aber auf die Jagd gehe ich immer alleine – eigentlich bin ich ein Einzelgänger und nur im Frühling, wenn es Paarungszeit ist, spannen Fähe und Rüde zusammen. Aber eben, in unseren meist unterirdischen Höhlensystemen finden sich dann doch öfters mal etliche Exemplare mit den buschigen Schwänzen ein. Auch Dachse neigen dazu, in unserer Nähe

2 POETISCHES

zu leben – oder wir in ihrer. Denn Dachse sind hervorragende Baumeister – und wir profitieren von ihren Grabungen. Aber zurück zur Jagd und zu meinen Aktivitäten: Meistens bin ich nachts unterwegs – wenn der Hunger gross ist und im Bau hungrige Welpen auf Fressen warten, rücke ich auch tagsüber aus. Meistens fange ich Mäuse. Pro Jahr sind das dann mehrere Tausend. Ab und zu nehme ich einen Vogel, einen jungen Hasen oder Insekten und Beeren und Pilze. Sogar Käfer stehen auf dem Speiseplan. Wenn ich ganz grosses Glück habe, vergessen die Bauern, ihren Hühnerstall zu schliessen – das sind so Nächte, wo ich mir ein Festmahl hole. Die Menschen wollen mir dann immer an meinen schön roten Pelz. Aber meistens bin ich schnell genug

Typischer Sprung bei der Mäusejagd.

Hühnerfedern vor dem Fuchsbau verraten den Räuber.

Füchse sind sehr soziale Tiere: Eine Fähe mit ihren Welpen. *(Hans Wüthrich)*

in Deckung. Ich habe eine ausgezeichnete Nase und wittere Gefahr schon von weitem. Und man sagt mir nach, dass ich sehr schlau sei. Übrigens: Um mein Revier zu markieren, setze ich meine Kothäufchen liebend gerne auf Wege und erhöhte Stellen – dass auch keiner unbemerkt daran vorbeikommt.

SPUREN: Erdlöcher, kuschelige Höhlen unter alten Bäumen, liegen gelassene Vogel- oder Hühnerfedern, Kothäufchen.

DAHEIM: Im Wald, in Parks.

POETISCHES

WALD – HECKEN

ANNE TANNE

Nun, was soll ich euch erzählen? Ihr denkt ja sowieso, dass mein Leben todlangweilig sei. Ihr meint, dass ich da einfach stehe und nichts mache. Und das schon seit Hunderten von Jahren. Jaja, ihr habt richtig gehört! Wir können bis 600 Jahre alt werden. Meine Zweige wachsen in umlaufenden Etagen waagrecht aus dem Stamm. Meine Rinde ist wesentlich glatter als die von Fichten und ich werfe die Schuppen meiner Zapfen einzeln ab, während Fichten ganze Zapfen fallen lassen. Bei mir stehen die weiblichen Zapfen aufrecht und sehen aus wie Kerzen. Auch mein Wurzelsystem ist anders als bei der Rottanne. Ich bilde nämlich lange, tiefe Pfahlwurzeln, darum kippe ich auch nicht gleich um, wenn ein Sturm kommt. Und jetzt, wenn es so trocken wird, geht es mir etwas besser als meiner Cousine, der Fichte. Im Gegensatz zur Fichte steche ich euch nicht, wenn ihr mich berührt. Meine Blätter sind zwar auch Nadeln, aber schön flache, weiche, die auf der Unterseite oft helle Streifen haben. Auch ich werde den Klimawandel nicht überstehen können. Ich kämpfe um Kühle und Feuchtigkeit im Wald und bin froh, wenn Waldbesitzer mich in jungen Jahren vor dem Verbiss durch Rehe schützen. Die mögen meine zarten Blätter nämlich sehr. Aus mir lässt sich auch prima Hustensirup herstellen – oder Honig. Und früher nutzte man mein fein duftendes Harz, der bei mir aber spärlicher fliesst als bei der Fichte. Grundsätzlich bin ich einfach unentbehrlich – als Luftreiniger, als Energieträger und als Schutz vor Wind und Wetter.

SPUREN: Viele Schuppen am Boden, aber keine Zapfen. Markante Wurzeln. Helle, glatte Borke und weiche Nadeln.

DAHEIM: In Wäldern. Am liebsten in solchen, die sich natürlich entwickeln können.

Typisch Weisstanne: Die flachen Nadeln.

Weisstanne zwischen zwei Rottannen.

2 POETISCHES

WALD - HECKEN

WILLI WALDKAUZ

Waldkauz. *(Wikipedia)*

Ich bin ein sympathisches Geschöpf. Meine rundliche Form und meine grossen, runden Augen verleihen meinem Äusseren etwas Herziges. Es gibt aber auch Menschen, die mir und den Meinen Unglück andichten. Okay, mein Ruf, den ihr von der Abenddämmerung bis zur Morgendämmerung vernehmen könnt, klingt schon etwas schauerlich. Aber ich und meine Frau meinen das gar nicht so. Vor allem in kalten Winternächten rufen wir einander stetig zu – denn bereits im Februar entscheiden wir uns zur Familiengründung. Meine Frau brütet dann in einer Baumhöhle oder in einem Mauerloch oder in einem Unterschlupf in einer alten Hütte die Eier aus und unsere grauen, flauschigen Jungen unternehmen schon einen Monat nach dem Schlüpfen die ersten Flugversuche. Wir jagen vor allem Mäuse und sind wie gesagt nachts unterwegs. Was wir von unserer Nahrung nicht verdauen können, würgen wir in kleinen Bällchen wieder aus, dem sagt man dann das Gewölle. Tagsüber dösen wir – meist in der Nähe von unseren Bruthöhlen, die für uns überlebenswichtig sind. Darum: Bitte, bitte, lasst alte Bäume stehen und pflanzt wieder vermehrt Hochstammbäume in eure Gärten!

SPUREN: Baumhöhlen, Gewölle.

DAHEIM: Garten mit altem Baumbestand, Parks und Wälder.

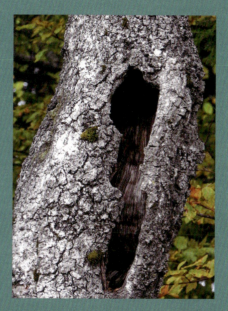

Waldkäuze sind Höhlenbrüter.

POETISCHES

WALD – HECKEN

ROSA REH

Ich bin eine Ricke. Und manchmal vielleicht auch eine Zicke. Auf jeden Fall bin ich ein sehr elegantes Tier, das schnell und gut rennen und springen kann. Eigentlich wäre ich ein Wiesentier – aber die Umwelt hat sich so stark verändert, dass ich mehrheitlich im Wald unterwegs bin. Nur zum Äsen verlassen ich und meine Familie und Verwandten den Schutz der Bäume. Und natürlich im Frühsommer, wenn ich meine Kitze ins tiefe, schützende Gras setze. Das ist so eine uralte Angewohnheit, die meinen Nachwuchs zunehmend das Leben kostet, wenn die Bauern mit den grossen Mähmaschinen unterwegs sind. Ich bin eine Pflanzenfresserin und im Winter muss ich mich auch mit Baumrinde begnügen. Die Triebe

Rehgeiss im Frühsommer.
Das Kitz hat sie gut versteckt.

2 POETISCHES

Der prächtige Rehbock befindet sich mitten im Fellwechsel.

Ein typisches Rehbett mit Trittsiegel im Schnee.

Rehe benutzen gerne ihre angestammten Wege, die sogenannten Wildwechsel.

Auch das ist leider Realität: Vermähtes und weggeworfenes Kitz.

von jungen Weisstannen finden wir auch lecker. Meine Kinder leben bis zu zwei Jahre mit mir zusammen. Als Jungtier sind wir geruchlos, damit unsere Fressfeinde uns nicht finden. Ich säuge meine Kinder. Im August, wenn sie schon etwas grösser sind, paare ich mich schon wieder. Aber die Schwangerschaft bleibt dann über den Winter stehen, und erst, wenn es gegen das Frühjahr geht, wächst das Kind in meinem Bauch richtig. Mein Mann trägt ein kleines Geweih, das er jedes Jahr abstösst.

SPUREN: Freigescharrte Betten im Wald, abgestossenes Geweih, Kotbeeren.

DAHEIM: Wald, Wiese, Park.

2 POETISCHES

WALD – HECKEN

FLORENCE FICHTE

Harzig. Harzig. So verläuft mein Leben momentan. Es ist viel zu trocken, es ist viel zu heiss und meine Kräfte schwinden. Klar, dass sich kleine Parasiten breitmachen unter meiner Rinde und mir den Rest geben. So stehe ich nach nur wenigen Monaten rostrot und dürr im Wald und bereite den Waldbesitzern Sorge. Viele hundert Jahre ging das gut mit mir in euren Breitengraden – obwohl ich eigentlich eine richtige Nordländerin bin. Aber ihr habt mich in euer Land geholt, weil ich rentiere und so schnell wachse und mein Holz für ganz vieles brauchbar ist. Ich kann bis zu 50 Meter hoch werden. Ich bin mittlerweile am weitesten verbreitet in den Wäldern bei euch.

Meine flachen Wurzeln geben mir aber nicht den nötigen Halt bei Sturm, und sie erreichen das Grundwasser nicht mehr, wenn es so trocken ist wie in den letzten Jahren. Und ja, dann kommt der Borkenkäfer und bohrt mich an – und die Lebenssäfte können nicht mehr fliessen und ich

Spuren des Borkenkäfers.

Nicht die Weisstanne wirft die Zapfen ab, sondern die Rottanne (Fichte).

sterbe kläglich. Der Käferbefall freut die Spechte, sie sind nämlich ganz scharf auf Borkenkäferlarven. Vielleicht könnten Spechte das Problem lösen, aber das braucht Zeit, und die habt ihr Menschen meistens nicht. Ich bin froh, wenn in meinem Wald noch Tannen, Buchen, Ahorn und andere Bäume stehen. Die spenden Schatten und gemeinsam schaffen wir es besser, den Wasserhaushalt zu regulieren. Meine Nadeln sind übrigens etwas stachelig und die Zapfen hängen wie Ohrringe an meinen Ästen und fallen irgendwann runter. Wenn ihr am Boden Tannzapfen sammelt, sind die nicht von der Tanne, sondern von mir.

SPUREN: Tannzapfen am Boden.

DAHEIM: Vor allem in Wäldern, manchmal auch auf Alpweiden, in den Alpen bis auf 2400 Meter über Meer.

Prächtige Blüten im Frühjahr an der Fichte.

POETISCHES

WALD – HECKEN

RODRIGUEZ ROTHIRSCH

Ich bin der König! Der König der Wälder! Mächtig, stolz, wunderschön und sehr imposant! Ich gehöre zu einer grossen Familie und wir alle sind sogenannte Stirnwaffenträger. Dieser gefährlich klingende Name bezieht sich auf das typischste Merkmal von uns friedlichen Säugetieren: auf das gewaltige Geweih der Männchen, mit dem wir zur Paarungszeit unsere Konkurrenten einschüchtern, weil wir die hübschen Kühe für uns alleine haben wollen. In unserem Namen kommt eine Farbe vor – dies deshalb, weil unser schönes Fell eine rötliche Farbe aufweist – vor allem im Sommer. Im Winter wechseln wir auf ein langweiliges Graubraun. Dann leben wir in grossen Familienverbänden und kämpfen ums Überleben. Im Frühjahr gehen die Damen ihren eigenen Weg, bringen ihre Kälber zur Welt und bleiben als Herde zusammen. Wir Männer fressen dann in den höheren Lagen nur die besten Knospen, Triebe und Kräuter, damit wir im Herbst während der weiterum bekannten Brunftzeit so

Baststiere und Hirschkühe auf gemeinsamem Ruhe- und Weideplatz.

richtig strotzen vor Kraft. In dieser Zeit werden wir auch bejagt. Wir sind aber sehr klug und aufmerksam und bemerken schnell, wo wir sicher sind. Ihr jammert, dass wir zu viele geworden sind, weil wir kaum Feinde haben. Die gibt es aber schon: Der strenge Winter in den Bergen macht uns oft Sorgen, alte und kranke Tiere fallen auch mal einem Wolf oder Luchs zu. Aber ansonsten geht es uns schon sehr gut und wir breiten uns immer weiter aus.

SPUREN: Geweihstangen, Hufabdruck, wunde Baumstämme vom Fegen, sehr markantes Röhren im Herbst.

DAHEIM: In ausgedehnten Wäldern, Moorgebieten, Voralpen.

Ein Hirschstier während der Brunft.
Die Hormone dominieren alles. *(Hans Wüthrich)*

2 POETISCHES

WALD – HECKEN

Dachse sind selten zu sehen, weil strikt nachtaktiv.
(Hans Wüthrich)

DIMITRI DACHS

Macht euch bloss nicht lustig über mich. Ich weiss selber, dass es elegantere Tiere gibt, als ich es bin. Ich bin schon ein ziemlicher Brocken, obwohl ich nicht so gross werde – höchstens lang und breit. Ich bin auch ein ziemlicher Heimlichtuer; ich mag nicht, wenn man mich sieht. Ich bin ein Wildtier und gehöre zu den Mardern. Aber mit diesen schlanken, ranken Flitzern habe ich herzlich wenig gemeinsam. Da ist mir mein Cousin am Wasser, der ebenfalls etwas massige Otter, ähnlicher. Mein grösstes Handicap ist, dass ich schlecht sehe. Dafür kann ich graben wie kein Zweiter.

Hier war ein Dachs am Werk.

Auch die Füchse profitieren davon – und ärgern uns dann, das finde ich und meine Brüder sehr gemein. Auch Bauern hassen uns, weil wir viel und oft graben – auch in Feldern.

Ich grabe ausgedehnte Tunnel- und Höhlensysteme für den ganzen Clan, der mehr Zeit unter dem Boden lebt als ausserhalb. Nur nachts gehen wir für einige Stunden auf die Jagd. Unsere schwarz-weissen Masken helfen uns, unsere Augen vor Angriffen zu

schützen. Im letzten Licht der Dämmerung kann man mich mit Geduld beobachten. Ich und meine Familie sind nicht immer nur grimmig, wir sind manchmal auch sehr verspielt und nett untereinander. Wir fressen kleine Nagetiere wie Mäuse, aber auch Käfer, Regenwürmer und Beeren. Im Winter halten wir manchmal eine kleine Winterruhe. Vor einem halben Jahrhundert wurden wir fast ausgerottet, man behauptete, dass wir Tollwut und andere Seuchen und Krankheiten verbreiten. Das stimmt aber nicht wirklich. Wir sind froh, wenn ihr uns in Ruhe lasst, wir tun euch ja nichts!

SPUREN: Bau, Höhlen, immer aufgeräumt vor dem Eingang. Füchse haben meist eine Unordnung mit Zweigen, Blättern, Federn, Knochen und Moos.

DAHEIM: In Laub- und Mischwäldern sowie Buschlandschaften.

POETISCHES

WALD – HECKEN

GUNDULA HASELMAUS

Haselmaus, hübsch und federleicht.
(AdobeStock)

Ich bin ein mausähnliches, nachtaktives Nagetier, ein Leichtgewicht, das nur fünfzehn bis vierzig Gramm wiegt und knapp fünfzehn Zentimeter lang ist. Fast die Hälfte der Länge entfällt dabei auf den behaarten Schwanz. Mein Fell ist gelbbräunlich bis rotbräunlich mit einem weissen Fleck an Kehle und Brust, am Schwanz ist es meist etwas dunkler. Ich werde in freier Wildbahn drei bis vier Jahre alt und bin mit einem Jahr geschlechtsreif. Mein bevorzugter Lebensraum sind Mischwälder mit reichem Buchenbestand. Besonders beliebt sind bei mir auch Haselsträucher, darum wohl trage ich auch den Namen dieser Pflanze in meinem Namen. Tagsüber schlafe ich in meinem etwa faustgrossen, kugelförmigen, «Kobel» genannten Nest, das ich meist aus Halmen, Laubblättern und anderem geeigneten, in der direkten Umgebung verfügbaren Material baue und in Büschen und Bäumen aufhänge. Oft benutze ich auch Nisthöhlen anderer Waldbewohner oder Nistkästen. In der Zeit von Mai bis Ende Oktober streife ich nachts umher und ernähre mich von Knospen, Samen, Beeren, Insekten, Vogeleiern und natürlich von Haselnüssen. Nüsse, die von mir bearbeitet wurden, weisen sauber herausgefressene Löcher in der Schale auf. Im Winter halte ich einen Winterschlaf. Rotfuchs, Wiesel und Hermelin sind meine Feinde, ebenso Greifvögel. Und Wildschweine, die frechen Kerle, graben uns im Winter manchmal aus und fressen uns schlafende Tierchen. Natürlich ist auch der Mensch ein grosser Feind – weil er unseren Lebensraum zunehmend zerstört.

SPUREN: Haselnüsse mit perfekt genagten Löchern, Nester in Haselstauden oder Brombeerbüschen.

DAHEIM: In Mischwäldern und Hecken.

WALD - HECKEN

DORA AMSEL

Nun, ihr kennt mich – und wisst es nicht. Ich bin im Stadtpark und in Gärten mit Ausnahme der Spatzen und Stadttauben wohl derjenige Vogel, den ihr am meisten seht. Und doch kennt ihr mich nicht so richtig. Meine Frühlingslieder sind von besonderer Güte und Frühlingsboten schlechthin. Ich kann ganz viele Melodien – je nachdem, wo ich gross geworden bin und was ich als kleines Vögelchen so alles mitbekommen habe. In unserer Familie gibt es jede Menge Arten: Singdrossel, Misteldrossel, Ringdrossel und viele mehr. Und eben mich, die Schwarzdrossel. Aber kein Mensch sagt mir so, ihr kennt mich unter einem anderen Namen. Mein Vater ist schwarz, meine Mutter braun, beide haben einen gelben Schnabel. Ich bin wie sie, denn ich bin auch ein Mädchen. Ursprünglich lebten wir im Wald – seit etwa hundert Jahren aber sind wir euch in Gärten und Parks gefolgt. Wir fühlen uns da sehr wohl. Wir bauen unsere Nester gerne in Sträuchern und auf jungen Tannen und versorgen unsere Jungen, die aus grün gesprenkelten Eiern schlüpfen, voller Hingabe. Ihre knallgelben Schnäbel tragen eine sogenannte Signalfarbe. So wissen wir Eltern, was wir zu tun haben: Füttern, füttern, füttern. Wie die meisten anderen Vögel auch lieben wir es, ab und zu ein Bad im Wasser oder Sand zu nehmen, um Parasiten wie Milben loszuwerden.

Amsel im Nest. Die Weibchen der Schwarzdrosseln (Amseln) sind braun gefärbt.

SPUREN: Kunstvoll gearbeitete Nester in Sträuchern, angepickte Äpfel im Herbst.

DAHEIM: Wälder, Park, Alleen, Gärten.

2 POETISCHES

WALD - HECKEN

WANDA WALDAMEISE

Von unserer Gattung sind weltweit fast 300 Unterarten bekannt. Wir gelten als Symbol für Fleiss und Arbeit. Meine Art ist auf Nadelbäume angewiesen, denn wir bauen unser Haus aus den nur langsam verrottenden Nadeln auf. Was ihr als Haufen bezeichnet, ist ein komplexes Staaten-Gebilde. Im Zentrum des Nestes steht oft ein Baumstrunk. Der unterirdische Teil ist mindestens gleich gross wie der oberirdische Teil, der aus Nadeln, kleinen Aststückchen und Harzklümpchen besteht. Im Innern befinden sich zahlreiche Kammern, in denen Eier, Larven und Puppen getrennt heranwachsen. Meist tief im Innern sitzt die Königin, manchmal sind es auch mehrere. Wir sind das Gegenteil von Einzelgängern und können nur in der Gemeinschaft überleben. Jedes Tier hat dabei bestimmte Aufgaben. In der Hierarchie zuoberst stehen die Königinnen. Sie sind grösser als die einfachen Arbeiterinnen und haben einen glänzenden Hinterleib. Hauptaufgabe in ihrem bis zu 25 Jahre dauernden Leben ist das Eierlegen. Die Mehrheit der Tausenden und Abertausenden von Tieren, die in einem Hügel leben, bilden einfache Arbeiterinnen. Im Unterschied zur Königin werden sie nicht begattet. Die Arbeiterinnen sind mit Nestbau, Verteidigung, Nahrungsbeschaffung und Fütterung der Königinnen und der Brut beschäftigt. Eine Nebenrolle spielen die Männer. Ihr kurzes Leben endet mit dem Hochzeitsflug, bei dem Männchen und Weibchen gemeinsam ausschwärmen. Nach der Paarung sterben die Männchen, während die Weibchen ihre Flügel

SPUREN: «Strassen», auch an Baumstämmen; die Haufen, die Teil unserer Staaten sind.

DAHEIM: An Waldrändern und in Wäldern mit Nadelholzbestand.

verlieren und als Königinnen in ihr Nest zurückkehren oder einen neuen Staat gründen. Erkennbar sind die männlichen Ameisen an ihren Flügeln und der schwarzen Färbung. Wir ernähren uns von anderen Insekten, Spinnen, Würmern und Raupen. In der Umgebung von unseren Nestern kommen deutlich weniger Zecken vor als anderswo. Übrigens: Kommunikation ist in unserem Staat entscheidend, damit die Zusammenarbeit effizient abläuft. Wir sehen gut, wir ertasten uns und wir versprühen chemische Stoffe, um uns gegenseitig auf dem Laufenden zu halten.

Beachtlicher Ameisenstaat während der Winterruhe.

2 POETISCHES

WALD - HECKEN

MILAN ROTH

Ich ziehe meine Kreise oder düse im Sturzflug in Richtung Boden, um Beute zu machen. Meistens sind dies Mäuse oder andere Kleinnager. Ich begnüge mich aber oft auch mit Regenwürmern, die ich ganz genüsslich aus dem feuchten Boden ziehe. Die grösseren Vertreter aus unserer Verwandtschaft nehmen auch grössere Beute: Hasen, manchmal auch Jungtiere von Fuchs, Reh, Gams oder Steinbock. Das macht vor allem der grösste Greifvogel in eurem Land, der Steinadler. Natürlich ist der Bartgeier noch grösser, aber der frisst nur Aas und jagt und tötet nicht selber. Nun, ich gehöre auch zu den grösse-

Turmfalke.

Junger Rotmilan.

Die junge Drossel wurde wohl Opfer eines Sperbers. Er hat den Rupfplatz wegen Störungen frühzeitig verlassen.

Rupfplatz von Sperber, Falke oder Habicht.

Rotmilan.

ren Exemplaren, erreiche eine Spannweite bis zu 180 Zentimetern und konnte mich in den letzten Jahren gut ausbreiten in der Schweiz. Auch mein leicht grösserer Cousin Milan Schwarz kommt zunehmend vor – in anderen Ländern gelten wir aber als bedroht. Wir bauen unsere Horste hoch oben in den Bäumen. Zusammen mit allerlei Eulen, den kleineren Bussarden, den Weihen, den Habichten, Falken und Sperbern geben wir eine ganz eindrückliche Armee von Jägern ab, die am Himmel kreisen. Die Eulen natürlich nur nachts, wir anderen tagsüber. Ach ja, Turmfalken kreisen nicht immer, die können in der Luft stehen und so ganz gezielt auf Beute warten. Dann stürzen sie sich in pfeilschnellem Tempo auf sie. Wie Füchse auch helfen wir mit, Überpopulationen von Mäusen in Schach zu halten. Fangen wir viele Mäuse, tauchen auch immer wieder verwaiste Mauselöcher auf, die dann anderen Tieren wie den Hummeln super Kinderstuben abgeben. Wir sind also nicht nur schön, sondern auch nützlich. Und wie so oft: Werden wir zu viele, beginnt der Kampf ums Futter und wir brüten nur noch wenig Junge aus. So reguliert sich das in der Natur oft von selber.

SPUREN: Vor allem während der Mauser im Spätsommer verliere ich prächtige Federn.

DAHEIM: Mischwälder mit angrenzender Kulturlandschaft.

2 POETISCHES

WALD – HECKEN

BERNADETTE EBERESCHE

Ich bin, wie beispielsweise euer Apfelbaum im Garten, ein Rosengewächs. Aber das sieht man nicht auf den ersten Blick. Meine Blätter sind ganz anders, sie sind gefiedert wie die einer Esche – ich bin aber keine Esche! Ich trage hübsche, weisse, kleine Blüten, die in Dolden wachsen.

Wir sind in fast ganz Europa verbreitet, weil wir eigentlich anspruchslos sind betreffend Klima und Bodenverhältnisse. Man sagt, ich und meine Verwandtschaft seien Pioniergewächse. Das heisst, dass wir zu denen gehören, die irgendwo aus der Einöde als Erste keimen können. Wir machen also auch aus Einöde guten Boden, weil wir im Kreislauf der Jahreszeiten auch Erde, sogenannten Humus, produzieren. Ich lebe zudem mit vielen Wurzelpilzen zusammen, die mich bei der Mineralien- und Wasseraufnahme unterstützen und von mir im Gegenzug ein schönes Zuhause bekommen.

Aus meinen hübschen Blüten werden kleine Früchte, die winzigen Äpfelchen ähneln. Sie beginnen schon ab August herrlich rot zu leuchten und sind bei Vögeln extrem beliebt. Es sind halt richtige Vitaminbomben. Wie die Früchte des Holunders, des Weiss- oder Schwarzdorns, der Felsenbirne, der Kornelkirsche und so weiter.

Viele Tiere nutzen mich, leben auf mir und ernähren sich von mir – und helfen mir im Gegenzug zum Beispiel bei der Bestäubung und Vermehrung: Insekten, Vögel, Mäuse und Schmetterlingsraupen lieben mich. Zudem schätzen Rehe meine Blätter, aber selbst das macht mir robuster Allerweltspflanze nicht viel aus.

Auch andere Beeren wie Heckenkirschen, roter und schwarzer Holunder, Schneeball, Stechpalme etc. sind bei Vögeln und Insekten sehr beliebt.

SPUREN: Leuchtend rote Beeren.

DAHEIM: Fast überall in Europa.

Reife Vogelbeeren der Eberesche.

POETISCHES

WALD – HECKEN

CAROLA WILDKATZE

Hübsch bin ich, elegant und ich gehe auf Samtpfoten. So auf den ersten Blick sehe ich eurem Tigerkätzchen ähnlich. Aber ich bin nur entfernt mit Hauskatzen verwandt. Ich kann bis zu fünf Kilogramm schwer werden, bin grundsätzlich etwas grösser und kräftiger als die Hauskatze und auf meinem ausgewaschenen, braun-grauen Tigerfell prangt ein schwarzer Rückenstrich. Das ist ein wichtiges Merkmal, um mich zu erkennen. Ob ihr mich allerdings einmal zu Gesicht bekommt, ist eine andere Frage. Ich lebe sehr zurückgezogen und bin sehr scheu. Lange galt ich als praktisch ausgerottet – erst in den letzten Jahren mache ich wieder Boden gut und kann mich behutsam vermehren. Ich bin eine Einzelgängerin – nur im Sommer, wenn ich Junge habe, bin ich nicht alleine unterwegs. Am grössten ist die Möglichkeit, mich zu sehen, leider, wenn ich am Strassenrand liegen bleibe, weil ein Auto mich angefahren hat. Ich ernähre mich von Mäusen und Vögeln, bin eine sogenannte Pirschjägerin, welche die Beute lautlos anschleicht. Ich lebe gerne in grossen Mischwäldern, wo es auch Felsen und viel Gebüsch gibt; dort kann ich mich gut verstecken und meine Jungen unbekümmert säugen. Füchse, Luchse, Wölfe und grosse Eulen haben es auf mich und meinen Nachwuchs abgesehen. Und immer wieder gibt es Menschen, die mir den Garaus machen wollen – obwohl ich stark gefährdet und geschützt bin. Ach ja, und eisige Winter mag ich nicht so gerne, ich habe es lieber gemütlich mild.

SPUREN: Kot, Federchen von der Beute, Pfotenabdrücke im Schnee.

DAHEIM: Felsige Mischwälder, am Rand von Sumpfgebieten, Mooren und Auenwäldern.

Sieht der Hauskatze ähnlich, unterscheidet sich aber in Grösse, Fellfarbe und dem markant gefärbten Schwanz sichtlich von einer Hauskatze: Die Wildkatze.

Wildkatze im Tierpark Arth Goldau.

WIESEN - FELDER

WIESEN – FELDER

SIMONA WÜHLMAUS

Maulwurf. *(AdobeStock)*

Wühlmaus. *(Wikipedia)*

Man liebt mich, man hasst mich – aber alle erschrecken sich vor mir. Doch glaubt bloss nicht, dass ich nutzlos bin – auch wenn ihr Menschen mich Schädling schimpft. Ohne mich würde eine riesige Nahrungskette einfach zusammenbrechen. Oder was sollten Füchse, Katzen, Greifvögel und Co. fressen, wenn sie sich nicht auf mich stürzen könnten? Aber wisst ihr was: Was man uns mit Jagen antut, das kompensieren wir ganz einfach: Wir vermehren uns wie der Blitz! Ich bringe mindestens viermal pro Jahr eine Handvoll Junge zu Welt – und die vermehren sich noch im selben Jahr ebenfalls. Am meisten lache ich mir ins Fäustchen, wenn ihr Jagd auf den Maulwurf macht, weil ihr meint, dass der der Übeltäter ist im Garten und auf dem Feld. Aber der Langweiler frisst nur Insekten und Würmer und sogar Engerlinge und Schnecken. So hilft er euch sogar und gräbt sich durch den Boden. Ihr habt dann zwar lästige Erdhaufen auf dem Rasen – aber mehr tut dieser schwarze, halbblinde Kerl mit den Schaufelpfoten, der auch noch unter Schutz steht, nicht. Wir dagegen geben Gas, graben, wühlen, zerstören und wir fressen Wurzeln und Knospen, Blumenzwiebeln und Kartoffeln sowie alles, was im Boden steckt und lecker schmeckt. Wir sind also sehr aktiv und halten auch keinen Winterschlaf. Zum Glück, sonst würden eure ach so geliebten Eulen und Greifvögel und Füchse spätestens im Winter kläglich verhungern.

SPUREN: Erdhügel und manchmal ganze Kraterlandschaften auf Feldern und Wiesen.

DAHEIM: Am liebsten überall, wo es grünt und blüht.

POETISCHES

WIESEN - FELDER

MAJA HUMMEL

Für Lebewesen besser als eintönige Nutzflächen: Buntbrachen.

Im Frühling, sobald es etwas wärmer wird – mir reichen schon 2 Grad – und die Haselsträucher, Krokusse und Schneeglöcklein, die Winterlinge und andere Frühblüher mit Nektar und Pollen locken, krieche ich aus meiner Wohnung. Meist ist es ein verlassenes Mäuseloch oder sonst eine kleine Erdhöhle. Ich bin alleine – und eine Königin. Im Herbst haben mich die Männchen befruchtet und die anderen Weibchen sind entweder ausgezogen oder gestorben. Ich aber habe den Winter gut überstanden. Nun suche ich sofort Nahrung, um mich zu stärken. Vorher aber starte ich meinen «Motor» und vibriere und rotiere mit meinen Flügelchen, um mich aufzuwärmen. Mein Körper ist behaart und ich sehe sehr hübsch und flauschig aus. Ich könnte auch stechen, aber das tu ich nur, wenn man mich so richtig ärgert.

Sobald ich genug Kraft habe, putze ich mein Erdloch, baue es aus und lege dann die Eier ins Nest. Es gibt viel zu tun, bis meine ersten Kinder schlüpfen und mithelfen, die Brutpflege zu machen. Ende Sommer sind wir ein beachtlicher Staat geworden, der zwischen 50 bis 600 Tieren zählen kann. Die meisten meiner Kinder sind Arbeiterinnen.

Ich und meine Kinder gehören zu den echten Bienen, auch wenn wir einen anderen Namen tragen. Wir helfen beim Bestäuben der Pflanzen und sind Nützlinge, zu denen ihr gut schauen müsst. Wilde Gärten und echte Blumenwiesen helfen uns sehr.

SPUREN: Erdlöcher, aus denen wir ausfliegen.

DAHEIM: In Wiesen, Parks, Gärten.

Hummel. *(Wikipedia)*

POETISCHES

WIESEN – FELDER

AURIS FELDHASE

Ich bin ein stattlicher Bursche und trage meine Löffel immer bei mir. Aber natürlich brauche ich die nicht zum Fressen – sondern zum Horchen. Und ich bin kein Kaninchen und auch kein Nagetier, sondern ein Säugetier! Fressen tu ich alles, was da so wächst: Gräser, Kräuter, Wurzeln und Knollen. Manchmal fresse ich auch Getreide und Kohl, wenn irgendwo auf Feldern solcher angepflanzt ist. In die Gärten von euch komme ich eher nicht – ich bin zu scheu. Im Winter mümmle ich auch Rinde, Knospen und Zweige. Ich bin ein Einzelgänger und komme fast nur in der Dämmerung oder in der Nacht aus meinem Versteck hervor. Tagsüber döse ich in meiner Sasse; das ist eine Mulde im Gelände, die ich mir bequem zurechtdrücke. Bei Gefahr ducke ich mich ganz eng hinein. Mein braunes Fell hilft mir, mich gut zu tarnen. Zur Paarungszeit gehts dann richtig zur Sache, da kämpfen wir Männchen auf den Hinterbeinen gegeneinander. Ja, wir boxen quasi um die Weibchen! Das ist anstrengend. Meine Frau kriegt mehrmals Junge pro Jahr – schon nach wenigen Tagen sind sie selbständig. Wir sind eben Nestflüchter und nicht Nesthocker wie eure Kaninchen!

SPUREN: Sassen (Mulden im Feld), Kotperlen.

DAHEIM: Felder und Wiesen, Hecken, naturnahe, offene Landschaften.

Naschen zu zweit im jungen Maisfeld.

Feldhase.

2 POETISCHES

WIESEN - FELDER

LAURIN SCHMETTERLING

Natürlich bin ich nicht der eine – von meinesgleichen gibt es hunderte Farben, Formen und Grössen. Und jeder von uns steht auf seine eigene, ganz bestimmte Futterquelle: Disteln, Kohl, Karotten, Fenchel, Brennnesseln oder was auch immer. Aber eines ist uns gleich: Wir durchleben alle dieses unglaubliche Wunder namens Metamorphose. Das heisst, wir werden als Ei von unserer Mama auf unsere Wirtspflanze gesetzt, wir reifen und als Raupen fressen wir uns satt, bis wir dick und gross sind. Dann suchen wir einen ruhigen, geschützten Platz und verpuppen uns, das heisst, dass wir uns selber einspinnen und dann starr irgendwo rumhängen, bis der

Kaisermantel auf Distel.

Zeitpunkt des Schlüpfens gekommen ist. Aus der Puppe kommt dann nicht mehr eine Raupe zum Vorschein – sondern ein wunderbares Geschöpf mit bunten Flügeln, das schwebend und schaukelnd durch die Sommerluft treibt. Wir suchen unsere Mutterpflanzen, begatten uns, legen Eier und alles beginnt von vorne. Einige

Kleiner Fuchs.

von uns überwintern in Ritzen und unter loser Baumrinde, andere sterben im Herbst. Es gibt auch Puppen, die den Winter überstehen. So dass im Frühling, mit dem ersten wärmenden Sonnenstrahl, schon die ersten Exemplare (die zitronengelben) unterwegs sein können. Ich, der ich hier spreche, brauche als Futterpflanze Brennnesseln. Es ist wichtig, dass ihr sogenannte Unkräuter nicht vernichtet – sie sind unsere Lebensgrundlage!

SPUREN: Eier, Raupen, Puppen an Brennnesseln.

DAHEIM: Je nach Art überall auf der Welt.

WIESEN - FELDER

WISI HERMELIN

Auch ich entstamme einer riesengrossen Verwandtschaft. Wir sind Raubtiere und kommen aus der grossen Marder-Familie. Wer alles dazu gehört? Ich natürlich, dann mein kleiner, pfiffiger Bruder, das Mauswiesel, der pelzige Nerz aus Nordosteuropa, aber auch die Dachse, die Iltisse, die Baum- und Steinmarder aus eurer Umgebung. Und selbst am Wasser haben wir einen engen Verwandten. Es ist der Fischotter, auch Wassermarder genannt, der wegen seines dichten, wasserfesten Fells beinahe ausgerottet wurde. Auch uns kleinen Wiesenbewohnern geht es schlecht. In der intensiv bewirtschafteten Landschaft fehlen uns Unterschlüpfe und Deckungsmöglichkeiten. Grenzen setzen uns auch Strassen, Bahnlinien und Siedlungen, die den Lebensraum zerstückeln. Beobachten kann man mich nicht so gut. Ich bin flink wie ein Wie-

Fischotter, auch Wassermarder genannt. *(AdobeStock)*

Wiesel im Winterkleid. *(Archiv Landverlag: McPhoto/P. Hofmann)*

sel. Kaum hat mich jemand entdeckt, bin ich schon wieder verschwunden. Aus einem Mäuseloch tauche ich auf, springe rastlos umher und verschwinde gleich wieder. Ich wiege nur gerade 300 Gramm; der schlanke Körper hat die Länge eines Lineals. Bevorzugt jage ich auf offenen Wiesen und Weiden, wo ich meine Lieblingsnahrung Mäuse in ihren Gängen verfolge. Im Winter verfärbt sich mein sonst braunes Rückenfell weiss – so dass ich mich perfekt tarnen kann. Andere von uns leben in Parks, im Wald, am Wasser und mitten in euren Quartieren.

SPUREN: Steinmarderspuren kann es an Autos geben, wenn Kabel durchgefressen werden; ansonsten vor allem Kothäufchen, oft gespickt mit Samen und Kernen, geplünderte Wespennester.

DAHEIM: In Wiesen, Hecken, Wäldern, am Wasser, in Häusern und Schuppen, je nach Art.

FLACHMOORE – HOCHMOORE (REGENMOORE)

FLACHMOORE – HOCH-MOORE (REGENMOORE)

MOLLY WOLLGRAS

Ich bin ein sogenanntes Sauer- oder Riedgrasgewächs und so eine typische Bewohnerin von Mooren und Feuchtgebieten. Meine schneeweissen, wolligen Köpfchen sehen nach der Blüte aus wie pure Seide, und wenn ich und meine Schwestern im Sommer ganze Felder bevölkern, dann sieht das sehr schön aus. Wir neigen uns sanft im Wind – wie die Ähren von anderen Gräsern auch. Man sagt, ich sei eine Zeigerpflanze. Das heisst: Da, wo ich wachse, ist es ganz bestimmt feucht und es besteht durchaus die Gefahr, einzusinken. Ich bin in der Regel streng geschützt – denn wir sind im letzten Jahrhundert stark zurückgegangen, auch, weil viele Moore zerstört wurden. Moore sind aber sehr, sehr wichtige Lebensräume und sie speichern viel Kohlenstoff und Wasser. Durch unser Wachsen und Vergehen tragen wir dazu bei, dass Moore gedeihen können und dass sich irgendwann wieder neuer Torf (das ist die saure Moorerde) bilden kann. In einem

Wollgras im Abendlicht.

Jahr ist das aber nur gerade ein Millimeter. Es dauert also tausend Jahre, bis ein Meter neuer Moorboden in die Höhe gewachsen ist.

SPUREN: Zwischen Juni und August leuchte ich silbrig aus Feuchtgebieten.

DAHEIM: In Feuchtgebieten und Mooren, die eher in Höhenlagen ab 1000 Metern vorkommen.

POETISCHES

FLACHMOORE – HOCHMOORE (REGENMOORE)

FREDERIKA FLECHTE

Wir sind sehr unscheinbar und doch wunderschön. Das Problem ist, dass ihr uns eigentlich gar nicht beachtet. Dabei sind wir Besonderheiten: Wir sind halb Pilz, halb Alge und leben darum in einer sogenannten Symbiose. Manche von uns heben sich farblich nur geringfügig von der Borke eines Stammes oder von einem

Tausend Facetten: Flechten und Moose am Baumstrunk.

Felsen ab. In dezentem Grau, Braun, Rot, Grün oder Gelb hängen wir von Ästen oder bedecken Baumstämme, Felsen und Mauern. Ihr müsst uns dort nicht wegputzen, denn wir richten keinen Schaden an. Wir können ruhig dort belassen werden, denn wir sind wichtig als Futter für Vögel und Insekten. Ausserdem sind wir zuverlässige Hinweispflanzen (Indikatoren) dafür, wie gut die Luftqualität ist, respektive wie es mit der Umweltverschmutzung aussieht, denn auf die reagieren wir sehr sensibel. Die zwei Lebewesen in mir haben unterschiedliche Aufgaben: Die Alge ist zuständig für die Anpassung an den Lebensraum. Sie nimmt Kohlendioxid auf und verwandelt es unter Lichteinfluss in chemischen Prozessen zu Traubenzucker und Sauerstoff. Der Pilz umschlingt die Alge und ist gleichzeitig für die Verankerung und die Wasseraufnahme zuständig. Mein Wachstum ist sehr langsam, fast wie beim Moor. Mehr als ein, zwei oder drei Millimeter pro Jahr liegt nicht drin. Ist die Luft schlecht, serbeln wir ab und sterben. Einige von uns sind aber schon 900 Jahre alt.

SPUREN: Man findet mich an Baumstämmen, auf Steinen, an Mauern.

DAHEIM: Überall dort, wo die Luft nicht zu stark belastet ist.

Flechten und Feuerwanzen am Stamm eines alten Baumes.

Moorbeerenblüten.

FLACHMOORE – HOCH-
MOORE (REGENMOORE)

LENA HEIDELBEERE

Ich bin köstlich – und wer mich nascht, den verraten seine Zunge und die Finger. Denn die werden ganz blau. Manche nennen mich auch so, also, sie sagen, ich sei eine blaue Beere. Aber Beeren, die blau sind, gibt es noch mehr. Die Brombeeren zum Beispiel. Oder die Moorbeeren (Rauschbeeren), die mir zum Verwechseln ähnlich sehen – aber wie der Name es schon sagt, bewirken sie einen Rausch, weil sie ein nicht ungefährliches Gift enthalten. Von Gift ist bei mir nichts zu erwarten, im Gegenteil, mir sagt man heilende Wirkungen nach. Ich habe einen positiven Einfluss bei Verdauungsproblemen und kämpfe auch gegen Entzündungen. Ich bin, wie die anderen auch, ein Heidekrautgewächs und fühle mich in lichten Wäldern und Moorgebieten sehr wohl. Mein Kraut kriecht manchmal fast über den Boden und weist kleine, grüne Blättchen auf, die sich im Herbst rot und orange verfärben und schliesslich abfallen. Ich biete nicht nur euch Menschen eine abwechslungsreiche, gesunde Nascherei. Nein, vor allem Vögel und insbesondere die gefährdeten Raufusshühner wie Auerhuhn und Birkhuhn sind auf mich und meine Vitamine und guten Eigenschaften angewiesen. In euren Gärten habt ihr gezüchtete Stauden, welche mit grösseren Beeren bestückt sind. Ganz so lecker schmecken die nicht, aber gut sind sie alleweil und es ist schon längst verboten, mich – wie das früher der Brauch war – mit einem Kamm zu pflücken, denn dadurch gehe ich kaputt.

Heidelbeere.

SPUREN: Unverkennbare, niedrige, verzweigte Stauden mit kleinen Blättern.

DAHEIM: In lichten Wäldern, in Mooren, auf Alpweiden.

FLACHMOORE – HOCHMOORE (REGENMOORE)

FATIMA AUERHUHN

Es ist nicht ganz einfach, mich zuzuordnen. Ich bin eine Vogelart aus der Familie der Fasanenartigen und gehöre der Ordnung der Hühnervögel an. Ich persönlich bin der grösste Hühnervogel Europas. Ich besiedle Nadel-, Misch- und Laubwaldzonen von Schottland über Nordeuropa bis in den Osten Zentralsibiriens. In der Schweiz trifft man mich nur noch selten an. Mein Lebensraum wurde stark beschnitten und auch im Winter fehlt es uns zunehmend an Ruhe, weil viele Menschen mit ihren Schneeschuhen bis in unsere Rückzugsorte vordringen. Ich habe noch kleinere Verwandte; wir alle werden auch Raufusshühner genannt: Das Birkhuhn, das Schneehuhn oder das Haselhuhn gehören etwa dazu. Ihnen ergeht es nicht besser – alle sind sehr selten geworden. Ich bin vor allem bekannt, weil mein Mann zur Balzzeit sehr laut und auffällig wird. Nebst den knallroten «Augenbrauen» sind sein gefächerter Schwanz, die gesträubten Bartfedern und die gesenkten Flügel sehr auffällig. So stolziert er dann in die Arena und kämpft mit anderen Männern. Sein

Auerhahn. *(Wikipedia)*

Auerhenne. *(Wikipedia)*

Balzgesang ist schauerlich schön und wir Hennen, die viel kleiner sind, sitzen auf Logeplätzen unserer Baumtribünen und beobachten sehr genau, welcher Herr sich am besten macht. Mit dem paaren wir uns dann, damit unsere Kinder die bestmöglichen Gene erhalten. Wir Auerhühner stellen sehr hohe Ansprüche an unseren Lebensraum. Wir ernähren uns von Beeren, Blättern und Knospen und Samen. Darum sind wir auf Heidegewächse wie Heidelbeeren angewiesen; die mögen wir besonders.

SPUREN: Kot/Losung, breiig mit Nadelresten im Winter, im Schnee typische Fussabdrücke.

DAHEIM: In lichten Bergwäldern mit viel Vegetation und Beeren am Boden, in Moorgebieten.

POETISCHES

FLACHMOORE – HOCHMOORE (REGENMOORE)

LAURA LÄRCHE

Ich bin ein Pionierbaum und gedeihe auch dort, wo man es nicht erwartet: Auf Felskanten zum Beispiel, wo es kaum Humus gibt. Im Frühling leuchte ich mit hell-zartgrünen Nadeln richtiggehend durch die dunklen Tannen. Und im Herbst, kurz bevor die Nadeln abfallen, erstrahlen sie goldgelb. Ich bin die einzige einheimische Baumart, die Nadeln trägt und diese im Herbst abwirft. Während des Sommers wachsen stumpfe, braune Zapfen heran. Bis zu 1000 Jahre alt kann ich werden und 50 Meter hoch; am Anfang wachse ich sehr schnell, im Gegensatz beispielsweise zur Arve, die für einen Meter fast zehn Jahre braucht. Ich wachse gerne in nördlichen Gebieten oder höheren Lagen, Hitze und Süden sind nichts für mich. Dafür trotze ich Schnee, Sturm und Steinschlag.

Darum ist auch mein Holz sehr robust und langlebig und wird gerne als Bauholz verwendet. Es enthält auch viel Harz, es duftet und hält Parasiten ab. Und es wird auch zur Herstellung von Heilsalben genutzt (gegen Rückenweh, Hexenschuss).

SPUREN: Kleine, hübsche Zapfen, feine Nadeln.

DAHEIM: In den Voralpen, an Waldrändern in höheren Lagen, in der Umgebung von Hochmooren.

Lärchenzapfen im Frühjahr.

FLACHMOORE – HOCHMOORE (REGENMOORE)

BLANCA BIRKE

Schlank und hoch und mit einem klaren, weissen Stamm erstrahle ich in lichten, eher kühlen Wäldern und am Rand zu Moorgebieten. Ich gelte seit jeher als heiliger, reiner, jungfräulicher Baum und spiele in vielen Bräuchen – vor allem in solchen, die den Frühling, das Leben und die Fruchtbarkeit zelebrieren – eine grosse Rolle: Meine Blätter sind klein, meine Rinde ist zart und weich und dank den vielen ätherischen Ölen ist sie sehr gut brennbar, darum wird selbst frische, feuchte Rinde zum Zunder. Aus mir gewinnt man Saft und Zucker, beides ist gesund und nicht zahnschädigend. Aus den Blättern wird Tee gemacht und aus dem Reisig Besen. Ich wachse rasch, und selbst wenn man mir die Äste immer wieder stutzt, gehe ich nicht kaputt. Es gibt etwa 50 verschiedene Arten von uns.

Besonders für Allergiker sind die Pollen zwischen März und April mit Leiden verbunden. Weil wir nicht über Insekten, sondern ausschliesslich über den Wind bestäubt werden, geben wir im Vergleich zu anderen Bäumen grosse Mengen an Pollen frei. Dank dieser Vermehrung und den geringen Bedürfnissen an meine Umwelt bin auch ich eine Pionierpflanze, die aus dem Nichts gedeihen kann.

SPUREN: Meine zotteligen Blüten, die Blätter und die schneeweisse, papierene Rinde.

DAHEIM: an Waldrändern, in Wäldern, in Parks, in Mooren.

Unverwechselbar schön: Die Birke.

VORALPEN - GEBIRGE

HELMUT STEINBOCK

Wie die Gämsen sind auch ich und meine Kolonie hervorragende Kletterer und wir leben in den Alpen und den Voralpen. Ich bin ein Hornträger und mit den Ziegen verwandt. Wir Böcke haben sehr stattliche Hörner, die mit dem Älterwerden immer imposanter werden. Die der Geissen sind etwas weniger mächtig. Wir leben meist in Gruppen zusammen – wobei wir Böcke eher alleine eine Gruppe bilden und uns den Geissen und den Kitzen nur annähern, wenn Brunftzeit ist. Wir tragen mit harten, gefährlichen Kämpfen aus, wer seine Gene weitergeben darf. Manchmal liegen die Männergruppen und die Damengruppen aber irgendwo auf einer Bergkante doch recht nahe beieinander. Wir klettern an den steilsten Wänden – oft nur darum, weil wir Lust haben, die feinen Mineralsalze der Felsen zu lecken. Nebst Mineralien nehmen wir frische Kräuter, Gräser, Moose, Flechten und Knospen zu uns. Wir leben meist zwischen der Wald- und der Eisgrenze;

Steinbock-Kolonie
in den Berner Alpen.

2 POETISCHES

das heisst, unter 2000 Metern trefft ihr uns nicht an. Im 19. Jahrhundert waren wir fast ausgerottet – nur in Italien lebten noch einige von uns. Wir wurden dann zum Glück unter Schutz gestellt und konnten uns wieder vermehren und umgesiedelt werden. Auch zu euch in die Schweiz. Mittlerweile geht es uns wieder gut.

SPUREN: Kotbeeren, Trittsiegel, manchmal etwas hängen gebliebene Haare an Drähten der Alpweidezäune.

DAHEIM: Im Gebirge bis hinauf auf 3500 Meter über Meer.

Steinböcke lieben und brauchen Mineralien. Sie fressen nicht nur die feinen Kräuter rund um die Steine ab - sie lecken den Stein, um an die wertvollen Salze zu kommen.

POETISCHES

VORALPEN – GEBIRGE

KLARA GAMS

Wisst ihr, was mein liebstes Hobby ist? Schlitten fahren! Natürlich ohne Schlitten – aber trotzdem, so richtig coole Abfahrten zusammen mit den anderen auf dem letzten Schnee im Frühjahr, das ist meine Leidenschaft. Wir spielen und tollen gerne, springen und klettern. Das Schneebad ist aber auch zur Abkühlung, denn im Sommerhalbjahr kann es auch bei uns im Gebirge warm werden, und das mögen wir nicht so. Wir gehören zu den Hornträgern, den sogenannten Boviden, bei denen beide Geschlechter Hörner tragen. Die von uns Geissen sind etwas dünner und vorne weniger gekrümmt als die der Böcke. So kann man uns recht gut auseinanderhalten. Wir verfügen über ein grosses Repertoire an Gestik und Lautäusserungen. Bei Gefahr, etwa wenn ihr Menschen uns zu nahe kommt oder ein Steinadler sich über unsere Kitze hermachen will, hört man uns «pfeifen». Wir sind auf das Leben im Hochgebirge besonders gut vorbereitet: Dank den spreizbaren Hufen (Schalen) und hartgummiartigen Sohlen können ich, meine Schwestern und Brüder und unsere Kinder im felsigen Gelände bis zu zwei Meter hohe und sechs Meter weite Sprünge machen und auch abwärts sehr schnell rennen. Wir fressen feine Alpenkräuter, Flechten und Moose. Unsere Hörner werfen wir im Gegensatz zu Rehen und Hirschen nie ab. Wir sind übrigens mit euren Ziegen verwandt.

SPUREN: Kotbeeren, Trittsiegel in lehmigem oder feuchtem Boden, Warnpfiffe.

DAHEIM: In höher gelegenen, felsigen Gegenden mit lichten Wäldern.

Auch im steilen Gelände sicher unterwegs.

Im Frühsommer suchen Gämsen gerne Schneefelder auf, um sich abzukühlen und zu spielen.

POETISCHES

VORALPEN – GEBIRGE

WOLFRAM WOLF

Ich bin ein Canide, ein Hundeartiger also. Ich bin etwa so gross wie ein Schäferhund und sehe dem – bis auf die Farbe – auch zum Verwechseln ähnlich. Meine Farben sind eher verwaschen, können von grau bis hellbraun oder dunkelbraun und schwarz je nach Gegend variieren. Keinem Tier auf der Welt wird wohl so viel Böses angedichtet wie uns. Dabei sind Hunde eure liebsten Haustiere – und die sind mit mir sehr nahe verwandt. Aber all die Mär-

Wolf. *(Fotolia)*

chen, die über mich und meine Familie erzählt werden, sitzen tief und ich kann mich kaum dagegen wehren. Okay, ich bin ein grosses Raubtier und ein sehr geschickter Jäger. Meist jage ich Rehe, Gämsen, Wildschweine und Wildkatzen – aber manchmal, da locken eure riesigen Schafherden und ich kann dann nicht anders als

Losung vom Wolf, gefunden in meinem Emmentaler Wald. Typisch: Die Grösse und die vielen Tierhaare.

zuzuschlagen. Ich weiss, dass es eine Unart ist, dass ich dann nicht einfach ein Schaf töte und mitnehme. Aber in solchen Situationen gelange ich in einen regelrechten Rausch und reisse mehr Tiere als nötig. Ihr tut gut daran, wenn ihr eure Schafe und Ziegen mit einem guten Zaun oder mit Hunden schützt. Aber ihr Menschen müsst sicher keine Angst vor mir haben. Ich bin scheu und meide euch. Meist lebe ich zusammen mit anderen in einem Familienverband, einem Rudel. Wir sind sehr sozial und klug und helfen einander immer.

SPUREN: Losung, meist mit Haaren darin, Pfotenabdrücke im Schnee oder im weichen Boden.

DAHEIM: In lichten Wäldern und offenen Landschaften.

2 POETISCHES

VORALPEN - GEBIRGE

JOHANNES LUCHS

Ich bin die grösste Katze in eurem Land. Und als typische Katze bin auch ich ein Einzelgänger. Ich streife umher in einem riesigen Revier. Tagsüber lege ich mich an einen ruhigen Platz und döse, in der Dämmerung und in der Nacht mache ich mich auf die Jagd nach Rehen, Hasen, Vögeln und anderen Tieren. Ich bin sehr schön und flink und auf meinen Ohren sitzen so lustige Pinsel, die mich sofort erkennbar machen. Aber die Chance, mich in der Wildnis zu sehen, ist sehr klein. Ich höre extrem gut, ich rieche ebenso gut und ich sehe auch gut. Es braucht viel, um mich zu überlisten. Wenn meine Gefährtin Junge hat, lebt sie meist unter einem umgestürzten Baum, in einer

Prächtige, grösste Katze in unseren Wäldern.
(AdobeStock)

Höhle oder einem Felsen. Die Jungen sind tapsig und flauschig und es wäre wohl am ehesten möglich, ihnen per Zufall zu begegnen. Wissenschaftler stellen oft Fotofallen auf, um uns zu sehen. Sie versprühen dann Baldrian, das ist ein Duft, den wir Katzen – auch die Wildkatzen und eure Hauskatzen – ganz extrem mögen. Dann

Luchsspur im Schnee.

reiben wir uns daran und verbreiten unseren eigenen Duft. Das wird dann manchmal gefilmt und die Forscher kommen uns eher auf die Spur. Wir sind streng geschützt und das soll auch so bleiben, denn eine Zeitlang waren wir praktisch ausgerottet.

SPUREN: grosse Katzenpfoten im Schnee oder im weichen Boden, manchmal ein gerissenes Reh (Luchse kehren immer wieder zu ihrer Beute zurück).

DAHEIM: Feld- und Waldgebiete, die möglichst natürlich und urtümlich sind und eher höher liegen.

2 POETISCHES

VORALPEN – GEBIRGE

LUZIFER EISENHUT UND HILDEGARD ARNIKA

Wir beide wachsen dort, wo Gämsen und Steinböcke weiden, wo der Adler jagt und die Bauern ihr Vieh sömmern. Ich, der blaue, wunderschöne Teufel, und mein gelber Bruder, wir locken mit faszinierenden, helmartigen, prächtigen Blüten. Die Kleine neben mir, die ist gelb und unscheinbar und im Gegensatz zu mir ein Engelchen. Sie gehört zu den beliebtesten Heilpflanzen überhaupt. Ich dagegen gehöre zu den giftigsten Pflanzen. Die Tiere wissen das natürlich und lassen mich stehen. Die Kleine, die ist geschützt, weil jeder Mensch sie gerne mitnähme, um eine eigene Heilsalbe zu machen. So ist das bei uns in den Alpen. Übrigens nannte man mich früher auch Wolfswurz. Ihr meint ja, dass Wölfe ebenso gefährlich sind wie wir. Aber ehrlich: Begegnet lieber einem Wolf, als dass ihr auch nur eine winzige meiner schönen Blüten in den Mund steckt. Schon das Berühren kann ganz schlimme Folgen haben. Also, Hände weg und nur mit den Augen schauen! Bei der kleinen Gelben, die aus der Familie der Korbblütler stammt, gilt das auch. Sie ist vielerorts nämlich gefährdet und steht in vielen Ländern unter Schutz. Damit ihr genügend Rohstoffe für Heilmittel bekommt, wird sie in einer weniger wilden Form auf Feldern angebaut.

SPUREN: Man sieht uns auf den ersten Blick, aber bitte nur schauen.

DAHEIM: An Bachufern, in Auenwäldern und auf Bergwiesen (Luzifer), auf Bergwiesen und Alpweiden (Hildegard).

Eisenhut. *(Wikipedia)*

Arnika.

2 POETISCHES

VORALPEN - GEBIRGE

SIDI STEINADLER

Ich bin der König der Lüfte, ein Greifvogel mit fantastischen Augen! Ich besiedle offene und halboffene Landschaften in eher höheren Lagen, baue meinen Horst in Felswände oder auch mal auf eine sehr hohe Tanne. Hauptsache, gut geschützt und mit perfekter An- und Abflugschneise. Ich habe eine beachtliche Flügelspannweite und jage viel und gerne. Ich und meine Gattin ernähren uns meist

Adlerküken im Horst. *(Wikipedia)*

von mittelgrossen, bodenbewohnenden Säugern wie Gämsen, jungen Steinböcken, Murmeltieren, jungen Füchsen etc. Manchmal schlüpfen im Horst zwei oder drei Küken. Aber das Erstgeborene ist egoistisch und meist lässt es kleinere Rivalen nicht zu. Es erkämpft sich den warmen Platz unter dem Gefieder der fürsorglichen

Steinadler. *(AdobeStock)*

Mutter, die am Anfang nach dem Schlüpfen den Horst nie verlässt, es schnappt sich die leckeren Happen, die der Vater an den Horst bringt und die von der Mutter zerteilt werden. Und irgendwann stösst der Erstgeborene die Kleinen aus dem Horst. Brutal – aber überlebenswichtig. Nur ein starker, kleiner Steinadler hat gute Chancen zum Überleben. Die Winter in den Alpen und Voralpen sind lang und hart und das Futter ist rar.

SPUREN: Horst, selten eine Feder nach der Mauser.

DAHEIM: Voralpen und Alpen, halboffene und offene Landschaften.

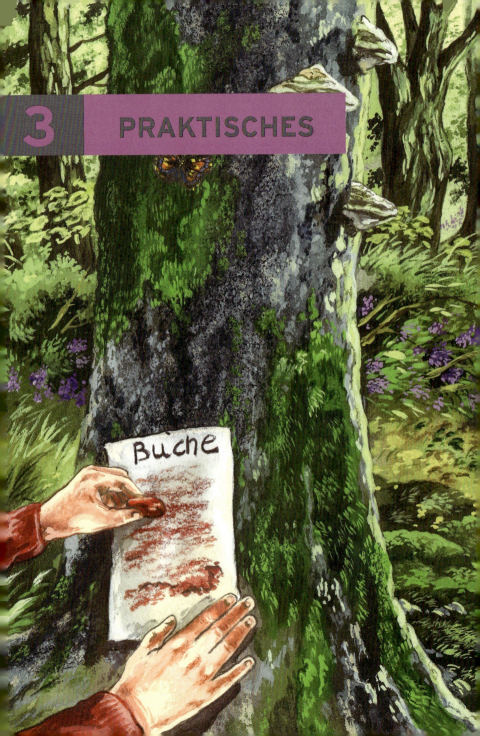

ABC der kunterbunten, erprobten Spiele für Familien und Klassen

Die nachfolgenden Spiele wurden nicht von mir erfunden. Die meisten von ihnen spielten wir vor vielen Jahren – und auch meine Eltern und Grosseltern haben sich mit solchen Dingen die Zeit vertrieben. Sie sind also alte Überlieferungen. Ich habe sie lediglich an den Unterricht, wie ich ihn mir vorstelle, angepasst oder etwas ausgeschmückt.

Adlerauge

Im Gelände (idealerweise Wald oder Bachbett) wird ein Feld von 5 mal 5 Metern abgemessen und von der Gruppe beobachtet. Die Gruppe dreht sich weg und ein Kind verändert ein Detail. Wer sieht es als Erstes?
MATERIAL: Schnur/Seil, Messband

Bachbettspiel

Die Gruppe sammelt schöne Steine und legt diese in einem Quadrat aus. Die Gruppe dreht sich weg und ein Kind darf zwei Steine umdrehen. Wer findet die umgedrehten Steine?
MATERIAL: In der Natur

Baumstammwerfen

Im Wald liegen allerlei kleine «Baumstämme» (dicke Aststücke) herum. Einer kann gesucht werden und als «Stein» wie beim Steinstossen für einen kleinen Wettkampf benutzt werden.
MATERIAL: Aus der Natur

Baumstrunk-Burgenkampf

Die Kinder suchen sich zu zweit Baumstrünke, die sich gegenüber liegen (in Reichweite einer Lanzenlänge).

Gänsesäger im Bachbett.

PRAKTISCHES

Die Kinder suchen sich dünne Zweige als Lanzen und versuchen sich gegenseitig von den «Burgen» zu schubsen.
MATERIAL: Aus der Natur

Baum tasten

Die Kinder bilden Zweierteams, eines führt, das andere ist «blind» (verbundene Augen). Das sehende Kind führt das blinde zu einem Baum, welchen dieses ausgiebig ertasten kann. Alle gehen zurück an den Start. Nun wird das blinde Kind sehend und versucht, seinen Baum wiederzufinden.
MATERIAL: Augenbinden

Baumarten finden

Im Wald wird vorgängig an je einem Baum pro Art ein kleines Namensschild angebracht (Buche, Rottanne, Weisstanne, Eiche, Vogelbeere, Stechpalme, Ahorn, Esche etc.). Die Kinder haben eine bestimmte Zeit (15 Minuten), um im Wald möglichst viele angeschriebene Bäume zu finden und sich deren Namen zu merken.
MATERIAL: In der Natur, Post-it-Zettel

Baumstumpfspiel

Wer findet (in Gruppen) den schönsten und grössten Baumstrunk? Wo können am Ende am meisten Kinder draufstehen?
MATERIAL: In der Natur

Haselstrauch.

Weide.

BEZIEHUNGSNETZ

Jedem Kind wird ein Tier zugeordnet und die Gruppe bildet einen Kreis. Mit einem Wollknäuel, der kreuz und quer zugeworfen wird, damit die Kinder sich als Tier vorstellen können, entsteht ein Spinnennetz. Dieses kommt in Schieflage, wenn eines der Tiere stirbt (die Maus stirbt -> dem Fuchs fehlt die Nahrung, er stirbt mit). Bald zeigt sich also, wer vom anderen abhängig ist (ein eher anspruchsvolles Spiel zum Thema Ökosystem und symbiotische Zusammenhänge).

MATERIAL: Wollknäuel

CITRONENFALTER-FANGIS

Im Frühjahr sind sie dank ihrem natürlichen Frostschutzmittel die ersten Schmetterlinge, die sich auf Nahrungssuche entlang von Bächen und Waldrändern machen, weil sie Weidenkätzchen suchen. Sie sind rastlos und flatterhaft. Beim Citronenfalter-Fangis gibt es darum nie eine Pause; wer auch nur einen Sekundenbruchteil rastet oder stehen bleibt, scheidet aus. Wer vom Citronenfalterfänger berührt wird, schaukelt als Fänger weiter.

MATERIAL: In der Natur

DACHS-SPIEL

Dachse sehen sehr schlecht. Jedes Kind prägt sich erst sehend ein Wegstück durch den Wald ein (hören, tasten, riechen). Anschliessend werden die Augen verbunden und nur mit der Hilfe eines Stockes (Absicherung) versucht jedes, diesen eingeprägten Weg erneut zu gehen. Rennen verboten!

MATERIAL: Augenbinden

EICHELHÄHER-SPIEL

Jedes Kind bekommt 10 Nüsse, die es am Weg verstecken muss. Nach einer kurzen Ablenkung gilt es, die Vorräte wiederzufinden. Wer schaffts?

MATERIAL: Nüsse (Vorsicht bei Allergikern!)

Eichelhäher.

Der Marder balanciert auf dem Baumstamm über den Bach.

Eichhörnchen und Räuber

Wie Eichelhäher-Spiel – aber nun wird jeder auch zum Räuber von anderen Vorräten. Wer hat am Ende am meisten Vorräte für den Winter?

Variante: Statt Nüsse zu verteilen, suchen die Teilnehmer zuerst geeignetes Eichhörnchenfutter zusammen (Nüsse, Beeren, Pilze, Knospen etc.)

MATERIAL: Nüsse/aus der Natur

Erde tasten

Der Gruppenleiter / die Gruppenleiterin sucht unterwegs (oder hat es in kleinen Säcken dabei) unterschiedliche Erde (trocken, lehmig, feucht, matschig, sandig) etc. und lässt die Kinder die Erden ertasten und beschreiben.

MATERIAL: Aus der Natur/vorbereitet im Rucksack

Fledermausspiel

Die Kinder bilden einen Kreis (Jagdrevier). Ein Kind mit verbundenen Augen muss versuchen, ein anderes Kind, das sich innerhalb des Jagdreviers bewegt, zu fangen.

MATERIAL: Augenbinde/Tuch

Förster, wie dunkel ist dein Wald?

Die Kinder bestimmen einen Förster. Die anderen stellen sich ihm gegenüber in einem Abstand von zirka 15 Metern. Dann ruft die Gruppe «Förster, Förster, wie dunkel ist dein Wald?» Der Förster antwortet je nach Laune, er sei dunkel, sehr dunkel oder etwas Vergleichbares. Die Gruppe fragt daraufhin: «Und wie sollen wir ihn durchqueren?» Der Förster antwortet mit einer x-beliebigen Gangart (rennen, krabbeln, hüpfen, tanzen, auf Zehenspitzen, rückwärts etc.). Die Mitspieler versuchen nun, in der Gangart, die der Förster vorgibt, am Förster vorbeizukommen. Wen er erwischt (fängt), der muss zurück an den Start. Der letzte Spieler wird zum neuen Förster.

MATERIAL: Aus der Natur

Fuchs und Hase im Winter

Die Hasen haben Vorsprung und legen Spuren im Schnee, der Fuchs muss den Fährten folgen und die Hasen finden – aber die legen auch falsche Fährten.

MATERIAL: In der Natur

Blaumeise.

Fuchswelpe.

FUCHSBAU

Füchse müssen sich ganz schön ducken, wenn sie in ihren Baum kriechen. Die Kinder tun es ihnen gleich: Sie bilden zwei Mannschaften mit je mindestens 4 Spielern. Jede Mannschaft stellt sich mit gegrätschten Beinen hintereinander in einer Reihe auf, so dass die Beine einen Gang bilden. Auf ein Kommando hin dreht sich das erste Kind in jeder Reihe um und kriecht rasch durch die Höhle nach hinten, wo es sich sofort wieder mit gegrätschten Beinen in die Reihe stellt. Sobald es steht, gibt es seinem Vordermann einen Klaps, der gibt ihn nach vorne weiter. Kommt der Klaps bei dem Kind an, das jetzt ganz vorne steht, kriecht dieses durch den Tunnel und so weiter.

MATERIAL: Aus der Natur

GERÄUSCHKULISSE DER NATUR

Die Kinder horchen für fünf Minuten, ohne selber Lärm zu machen, und dokumentieren (je nach Alter schriftlich, zeichnend oder mündlich), was sie für Geräusche wahrgenommen haben.

MATERIAL: Aus der Natur/Papier und Stift

Giftpilze gegessen

Die Kinder suchen einen «Ball» in der Natur (Tannzapfen) und bilden einen Kreis. Sie werfen sich reihum oder auch wahllos – je nach Absprache – den Zapfen-Ball zu. Wer ihn erstmals fallen lässt, hat «Giftpilz gefunden». Bei seinem zweiten Fehler hat er «Giftpilz gegessen». Beim dritten Fehler hat er «Bauchweh bekommen». Beim vierten Fehler ist der «Doktor gekommen». Beim fünften Fehler wird der Patient «ins Spital gebracht». Beim sechsten Fehler ist er «gestorben». Damit scheidet er als Mitspieler aus. Wer am längsten «überlebt», ist Sieger.

MATERIAL: Aus der Natur

Hase am langen Weg

Ein Spieler ist der Hase und steht mit dem Rücken zu den anderen, die sich weiter (ca. 20 Meter) von ihm entfernt in einer Reihe nebeneinander aufstellen. Nun ruft der Hase: «Hase am langen, langen, langen ... Weg!» Das Wort «langen» kann er so oft sagen, wie er möchte. Sobald der Ruf beginnt, dürfen die anderen Spieler losgehen oder auch loslaufen – bis sie das Wort «Weg!» hören. Bei diesem Wort dreht sich der Hase blitzschnell um und schickt jeden, der sich noch bewegt, zurück auf die Startposition. Wer als Erster den Hasen erreicht, hat gewonnen und wird der nächste Hase.

MATERIAL: Aus der Natur

Giftig: Der wunderschöne Fliegenpilz.

Hindernislauf

Im Wald gibt es aufgrund von Gelände, Astwerk, Totholz, natürlichen Hindernissen, Steinhaufen etc. die perfekte Ausgangslage, um einen spannenden Hindernislauf aufzubauen. Der Fantasie sind keine Grenzen gesetzt. Achtung: Kein Holz fällen, kein Material (Schnur) etc. liegen lassen!

MATERIAL: Aus der Natur

Irrgarten

Mit Ästen kann auf einer Lichtung ein Irrgarten gebaut werden, bei dem es zwischen Anfang und Ende nur einen durchgehenden Weg gibt. Welche Gruppe baut den coolsten Irrgarten? Wer von der Gegenmannschaft findet den Weg auf Anhieb?

MATERIAL: Aus der Natur

Kamera läuft!

Zwei Kinder bilden ein Paar. Eines ist die Kamera, das andere der Fotograf/Filmer. Die Kamera macht die Augen zu und wird kreuz und quer durch die Natur geführt. Auf ein «Klick» des Fotografen öffnet die Kamera vor ausgewählten Objekten für 3 Sekunden (21, 22, 23 zählen) die Augen. Es werden 5 Objekte aufgenommen, danach die Rollen getauscht. Am Schluss versuchen die Kinder, ihre «fotografierten» Objekte aufzuzählen.

MATERIAL: Aus der Natur

Kegelbahn

7 bis 9 kleinere Holzrugel (oder zurechtgesägte Stücke von dicken Ästen, die auf dem Boden liegen) und ein grosser, runder Stein werden auf einem Waldweg zur Kegelbahn umfunktioniert.

MATERIAL: Aus der Natur/Handsäge

Langholz-Balance

Irgendwo im Wald findet sich meist ein langer Baumstamm, der gefällt wurde und zum Balancieren einlädt. Wer schafft die längste Strecke in kurzer Zeit?
Vorsicht: Sturmholz nicht betreten!

MATERIAL: Aus der Natur

Memorys zum Riechen und Hören

Kräuter und Gegenstände sammeln. In je zwei kleine Beutel oder Zündholzschachteln stecken und daraus ein Memory basteln.

MATERIAL: Zündholzschachteln oder Espressobecher aus Karton mit Gaze und Gummiband zum Verschliessen.

Fichtenstämme. Die Rinde wurde entfernt, damit die Borkenkäfer sich nicht einnisten können.

PRAKTISCHES

Wacholder.

Multikulturelles Sprachspiel

In der Natur wimmelt es von Gegensätzen: lang-kurz, stumpf-spitzig, dick-dünn, weich-hart etc. Die Kinder sammeln zusammen mit der Lehrperson die Begriffe – in den jeweiligen Landessprachen, aber sicher in Französisch oder Englisch oder Deutsch. Die LP notiert pro Zettel einen Begriff, so dass Paare entstehen (hart-weich) in einer beliebigen Sprache. Jedes Kind zieht einen Zettel und lässt sich falls nötig beim Lesen/Übersetzen von der LP helfen. Danach geht es raus in die Natur und sucht einen Gegenstand, der das gesuchte Adjektiv darstellt (z.b. weiches Moos, harter Stein). Die Kinder kommen zurück zur LP und versuchen aufgrund der Gegenstände, die sie in den Händen halten, den passenden Partner zu finden. Wer ist das erste Paar? Nun versuchen die Kinder, die Wörter in der jeweiligen Sprache zu lesen und auszusprechen. Das Spiel kann bis zur Festigung des fremden Wortschatzes gespielt werden.
MATERIAL: Zettel, Stift, aus der Natur

Natur-Boccia

Tannzapfen, Steine oder kleine Holzrugel lassen sich in eine perfekte Boccia-Ausrüstung umwandeln.
MATERIAL: Aus der Natur

Nachrichtendienst

Die Kinder basteln sich Pfeil und Bogen und übermitteln sich mit «geschossenen» Briefen, die an die Pfeilspitzen gesteckt werden, von Baum zu Baum eine Nachricht. Zwei Gruppen; bei welcher kommt die Botschaft zuerst an?
MATERIAL: Schnur, Messer, Papier, Stifte

Ordnung ist das halbe Leben

Die Leitperson legt auf dem Boden die unterschiedlichsten Dinge aus (Äste, Steine, Beeren, Blätter, Pilze, Zapfen, Nadeln, Rinden etc.). Die Auslegeordnung ist mit einem Tuch zugedeckt und wird den Kindern nur kurz gezeigt. Wer kann am meisten Gegenstände aufzählen/ordnen?
MATERIAL: Aus der Natur, altes Leintuch

Pirsch

Im Wald werden vorgängig Tiere aus Metall oder Karton versteckt. Die Leiterin begeht mit der Gruppe den Wald, ohne darauf hinzuweisen, und die Kinder dürfen nichts sagen. Am Ende wird abgefragt, wer welches Tier gesehen hat und sich auch merken konnte.
MATERIAL: In der Natur/Metall oder Kartonfiguren

Puzzle

Mit einer Baumschere werden Zweige und Blätter mehrmals durchgeschnitten und auf einen Haufen gelegt. Wer schafft es, die passenden Stücke wieder zusammenzusetzen?
MATERIAL: Baumschere/aus der Natur

Quo vadis?

Wohin gehst du? Jedes Kind (oder auch nur einzelne) bekommt einen Spiegel. Dieser wird so unter die Nase gehalten, dass das Kind nur nach oben sehen kann. Der Weg wird darum nur über die Baumkronenöffnungen gefunden. Variante: Ein Kind mit Spiegel wird von einem anderen Kind geführt. Findet das Spiegel-Kind aufgrund der Einprägung des Kronendachs den Rückweg?
MATERIAL: Handspiegel

Rinden raten

Die Gruppenleitung hält Rindenstücke der unterschiedlichsten Baum- und Straucharten bereit. Die Kinder tasten und begutachten die Rinde – und machen sich auf die Suche nach dem richtigen Baum/Strauch. Für kleinere Kinder eignen sich auch Blätter oder Früchte/Beeren.
MATERIAL: Rindenstücke vorbereitet

Rinden rubbeln

Die Gruppenleitung hält Papier und Bleistift bereit und unterschiedliche Rindenstücke. Die Kinder pausen die Rinde ab (abreiben auf Papier mit Bleistift). Alles wird vermischt. Können Kopie (Papier) und Original (Rinde) einander noch zugeordnet werden?
MATERIAL: Rindenstücke, Papier, Bleistift

Haselnuss.

PRAKTISCHES

Stöcke tasten

Jedes Kind sucht sich einen Ast/Stock/Stecken und versucht, sich all die Merkmale einzuprägen. Nun werden die Stöcke in einen undurchsichtigen Jutesack gesteckt. Jedes Kind hat eine Minute Zeit, um aus dem Sack seinen Stecken zu ertasten. Variante: Stecken auf den Boden legen und den Kindern zum Ertasten die Augen verbinden.

MATERIAL: Jutesack, Augenbinde

Spuren lesen

Die Kinder hinterlassen Spuren in der Natur, ohne zusätzliches Material zu verteilen (also lediglich Fussabdrücke, zerstampfte Blätter am Boden, geknickte Gräser). Die andere Gruppe sucht/verfolgt.

MATERIAL: In der Natur

Schnitzeljagden

Zuerst muss ein Spielareal definiert werden. Mit unterschiedlichsten Materialien (Holz, Sonnenblumenkernen, Gras etc.) wird von einer Gruppe die Fährte gelegt; die andere sucht. Die Fährtenleger können als Variante Fragen/Aufgaben deponieren, die gelöst werden müssen. Auch am Zielort kann eine zu lösende Aufgabe eingebaut werden.

MATERIAL: Zettel, Stifte, Streumaterial (Kerne, Linsen), aus der Natur

Stöcklein um!

Als «Stöckli» braucht es einen etwa 20 Zentimeter hohen Holzstock/Tannenrugel mit 10 bis 15 Zentimetern Durchmesser. Die Kinder suchen zudem Wurfsteine (3 oder 5 pro Kind). Die Begleitperson verteilt an die Kinder Popcorn, Kaugummis, Beeren, Nüsse oder sonst etwas Kleines zum Naschen (z.b. fünf Stück pro Kind). Der Stock wird fest in den Boden gesteckt. Jeder Mitspieler muss als Einsatz 1 oder 2 Naschereien setzen und auf den Stock legen. Dann stellen sich alle etwa 8 Meter davon entfernt auf und werfen nacheinander mit ihren Steinen gegen den Sockel. Trifft ein Werfer, so dass Naschereien zu Boden fallen, darf er alle an sich nehmen, die auf dem Boden liegen. Sind keine Naschereien mehr übrig, beginnt eine neue Runde mit neuem Einsatz.

MATERIAL: Kleine Naschereien, aus der Natur

Tannzapfen eignen sich für so manches Spiel.

Tannenzapfen-Hamster

Die Kinder werden in gleichmässige Teams aufgeteilt und erhalten pro Gruppe eine Schnur/ein Seil, um ein Nest zu bauen. Nun gilt es, innerhalb einer bestimmten Zeit (10 Minuten) so viele Tannzapfen wie möglich ins Nest zu schaffen. Jedes Kind darf pro Ausflug nur einen (ganzen) Zapfen heimbringen. Wer hat am Ende am meisten gehamstert?

MATERIAL: Schnur/Seil

Tannzapfenzielwerfen

Die Kinder definieren ein Ziel (einen Baumstamm) und sammeln Tannzapfen, mit denen sie ein Zielwerfen veranstalten

MATERIAL: In der Natur

Tarnspiel

Die Kinder sammeln Naturmaterialien und zeigen sie einander. Danach verstecken sie den eigenen Gegenstand entlang des Weges und bestimmen einen Partner, der ihren Gegenstand suchen muss.

MATERIAL: Aus der Natur

TAST-SPIEL

In einem undurchsichtigen Sack werden viele Dinge (Steine, Federn, Zapfen, Rinden, Felle, Geweih, Tannnadeln, Murmeln, Linsen, Kerne, Pilze, Beeren etc.) versteckt. Jedes Kind bekommt 1 Minute Zeit, um möglichst viele Gegenstände zu ertasten und zu benennen.

MATERIAL: Jutesack/Leinensack, aus der Natur

TAUSENDFÜSSLER-SPIEL

Die Gruppe bildet einen Tausendfüssler (Hände auf die Schultern des vorderen Kindes). Augen schliessen. Blind tastet sich der Wurm durchs Gelände. Achtung: Leiter/erstes Glied ist verantwortlich, dass keine gefährlichen Stolperpassagen eingebaut sind – vor allem bei kleineren Kindern.

MATERIAL: In der Natur

Tausendfüssler. *(AdobeStock)*

Teichspiel

Es sind zwei Gruppen; in der Mitte wird mit einem Seil ein Teich markiert. Ein zweites Seil dient zum Seilziehen. Wer landet zuerst im Teich?
Material: Seile

Tiere raten

Tierporträts (Fotos) auf Karten kleben. Den Kindern je eine Karte mit einer Wäscheklammer im Nacken befestigen – mit Ja- oder Nein-Fragen müssen die Kinder recherchieren, welches Tier sie sind.
Material: Tierkarten, Wäscheklammern

Tierstimmen-Wirrwarr

Ein schneller Zusammenschnitt von Tierstimmen wird ab Mobile abgespielt. Die Kinder versuchen, möglichst viele Rufe/Laute zu erkennen. Variante: Die Kinder verteilen sich grosszügig im Wald und horchen und notieren, welche Geräusche sie hören/zuordnen können.
Material: Audiodatei Tierstimmen/Mobile (daheim vorbereiten)

Uhu-Spiel

Eulen hören extrem gut! Die Kinder stehen mit verbundenen Augen im Kreis. Jedes hält ein kleines Zweiglein in der Hand. Die Begleitperson tippt von hinten ein Kind an. Es lässt seinen Gegenstand fallen. Hören die anderen Kinder, wo etwas heruntergefallen ist?

MATERIAL: Augenbinden, kleine Gegenstände aus der Natur

Versteckspiel

Bevor in der Natur/im Wald «Versteckis» gespielt wird, müssen Regeln und Grenzen des Areals gemeinsam besprochen und markiert werden. Danach ist einem ausgelassenen Versteckspiel nichts mehr im Wege.

MATERIAL: In der Natur

Vogelfeder flieg!

Hier setzen sich alle Kinder im Kreis hin. Die Begleitperson lässt eine Vogelfeder, die zuvor im Wald gesucht wird, über den Köpfen der Spieler schweben. Die Kinder versuchen mit Hilfe von Pusten, die Feder in der Luft zu halten. Niemand darf aufstehen oder den Platz verlassen. Gelingt das wohl?

MATERIAL: Aus der Natur

Wald-Detektiv

Analog zum Adlerauge wird im Wald eine wesentlich grössere Fläche (30 mal 30 Meter) grob abgemessen. Nun werden auch hier Details verändert, die gefunden werden müssen.

MATERIAL: Aus der Natur

An einem Morgen gefunden: Die Federn von Rotmilanen und Mäusebussarden.

Ein vermeintlich toter Baum als Wasserspender für seine lebenden Nachbarn.

Wasserträger

Nur bei Regenwetter spielbar! Die Kinder bilden zwei Teams. Die Leitperson stellt zwei Kübel auf. Die Kinder sind angehalten, selber Gefässe zu basteln und aus Pfützen so viel Regenwasser wie möglich in die Kübel bei der LP zu füllen. Welches Team schafft es, den Kübel als Erstes zu füllen?

MATERIAL: 2 Kübel (z.B. Kilo-Blechbüchsen), aus der Natur

Wurfspiel

Die Kinder bauen mit Ästen am Boden eine Adaption einer Wurfwand und teilen den Feldern unterschiedliche Punktzahlen zu (mit Strassenmalkreide beschriften oder mit Stecken direkt in den Waldboden/Sand ritzen). Steine oder Zapfen dienen als Wurfmaterial. Wer schafft am meisten Punkte?

MATERIAL: Aus der Natur, Strassenmalkreide

PRAKTISCHES

XYZ ODER 1, 2 ODER 3

Mit Ästen und Steinen werden die Felder analog des TV-Spiels 1, 2 oder 3 markiert. Die Kinder werden in Gruppen eingeteilt (zum Beispiel nach Augenfarben oder Hosenfarben). Jemand stellt Fragen zum unmittelbaren Umfeld (beispielsweise: wie hoch wird eine Tanne?) Es gibt drei Antwortvorschläge.

MATERIAL: Fragen und Antworten vorbereiten

ZWEI RABEN MIT VIER BEINEN

Die Kinder setzen sich in einen Kreis auf den Waldboden. Das erste beginnt: Ein Rabe mit zwei Beinen macht «kräh». Das nächste Kind: Zwei Raben mit vier Beinen machen «kräh, kräh». Das nächste Kind sagt: Drei Raben mit sechs Beinen machen «kräh, kräh, kräh.» Dann: Vier Raben mit acht Beinen machen «kräh, kräh, kräh, kräh» etc. Wie lange hält die Konzentration? Super, um Reihen zu üben, zum Beispiel mit Hasen (vier Beine), Käfern (sechs Beine) oder Spinnen (acht Beine).

MATERIAL: Aus der Natur

Auch im Winter lässt es sich sehr gut draussen spielen und forschen.

Ideen für den Unterricht in der Natur

Draussen unterrichten, schön und gut. Bildung aus der Natur holen, noch besser. Doch wie geht das? Ist Unterricht draussen SMART? Sind sowohl Aufträge als auch Lernziele SMART genug?

SMART wird in der Schule oft im Zusammenhang mit Beurteilung und manchmal auch im Zusammenhang mit Auftragsformulierungen gebraucht. Doch was bedeutet das? Hier die Definition:

S = SPEZIFISCH, also unmissverständlich, klar formuliert

M = MESSBAR, es soll objektiv erkennbar sein, ob etwas erreicht wurde oder nicht

A = ATTRAKTIV/AKZEPTABEL/AKTIV, alle in der Gruppe sollen dies erkennen/erfahren können

R = REALISTISCH, sind Auftrag oder Ziel überhaupt machbar/erreichbar?

T = TERMINIERT, Zeithorizont, wann was (Ergebnis) erwartet wird

Mit gutem Gewissen lässt sich sagen, dass das Erreichen von SMARTEN Zielen oder das Lösen von Aufgabestellungen draussen in der Natur ohne Weiteres machbar ist. Es ist sowohl drinnen als auch draussen primär eine Frage der Formulierung und Kommunikation, ob etwas verstanden wird oder nicht. Werden Lernziele oder Aufträge kompliziert beschrieben, ist das Scheitern im Klassenzimmer und in der Natur garantiert. Den Vorteil in der Natur sehe ich in solchen Fällen, dass die Kinder gewisse (unverständliche) Dinge dort wenigstens noch mit anderen Sinnen wahrnehmen können, dass sie einen Auftrag vielleicht dann verstehen, wenn sie die Gegebenheiten sehen können.

Aber zurück zur Grundfrage: Geht das überhaupt, draussen unterrichten? Ja, aber es ist wichtig, sich bewusst zu werden, dass es keine abschliessenden Rezepte hierfür gibt. Jede Lehrperson funktioniert anders, jede Klassenkonstellation ebenso.

PRAKTISCHES

Und es muss auch nicht der regelmässige, wöchentliche Waldtag sein, um Erfolg zu haben. Einmal im Monat im Stadtpark, am Bach lernen oder wöchentlich eine Doppellektion auf das Schulhausareal verlegen sind auch wertvolle Möglichkeiten, sich Schritt für Schritt an Neues heranzuwagen. Wichtig ist, dass nicht zum Vornherein die Flinte ins Korn geworfen wird und nicht die Angst, etwas falsch zu machen, zum Motivationskiller wird.

Der Lehrplan 21 sieht Unterrichtseinheiten vor, welche die Kinder motivieren, handelnd zu lernen, also aktiv nach Lösungen und Erkenntnissen zu suchen. Gerade bei mathematischen Themen drängt es sich auf, gewisse Experimente, Erkenntnisse und Visualisierungen draussen zu machen. Es gibt Kinder, die einen Zahlenstrahl erst dann begreifen, wenn sie ihn mehrmals hüpfend und springend bewältigt haben. Schon das Abenteuer, mit dem Messband 10 oder 100 Meter abzumessen, mit Strassenmalkreide in gleichmässige Stücke einzuteilen und dann die gewünschten Schritte auf dem Zahlenstrahl zu hüpfen, ist für viele Kinder eine Offenbarung. Im Unterkapitel «Mathematik» folgen Ideen, wie Mathematik auf die Umgebung adaptiert und mit anderen Fächern verknüpft werden kann. Dieses schrittweise Herantasten an Unterricht in der Natur funktioniert mit allen Fächern. Sie werden nachfolgend behandelt.

Wer mit Klassen regelmässig nach draussen geht, ist froh darum, wenn die Kinder ein Natur- oder Waldtagebuch führen. Ich verwende dazu ein normales Blanko-Schulheft, welches mit Packpapier eingefasst und mit Klebefolie vor der gröbsten Nässe geschützt wird. Das funktioniert recht gut und die Hefte nehmen auch bei feuchter Witterung wenig Schaden. Die Kinder haben die Gelegenheit, darin alle Erkenntnisse zu sammeln und sie verfügen später im Klassenzimmer über gute Notizen zur Weiterbearbeitung. Zudem dient das Heft gleichzeitig als Tagebuch, als Kontaktheft zu den Eltern und als Erinnerungsstück.

Im Leiterrucksack gibt es dagegen andere unentbehrliche Gegenstände: selbstverständlich eine gut ausgerüstete Apotheke samt Zeckenspray. Eine Rolle WC-Papier und Hundekotbeutel zum Aufsammeln der dicken Geschäfte, Sackmesser, Streich-

Wenig Material, viel Kreativität und Handlung zum Thema Mittelalter.

hölzer, Papier, eine kleine Säge, ein funktionierendes Telefon mit allen gespeicherten Notfallnummern, eine Kiste Schreibzeug, ein Messband, eine Rolle Naturschnur (verrottend) und Wasserreserven. Jedes Kind ist dazu angehalten, ebenfalls je einen Liter Wasser und das eigene Taschenmesser mitzubringen.

Bevor es nach draussen geht, müssen, wie oben bereits angetönt, Schulleitung und Eltern ins Boot geholt werden. Mit einem klaren Auftritt am Elternabend sind erfahrungsgemäss auch Skeptiker unter der Elternschaft zu begeistern. Und wenn nicht, lädt man sie ein, am Vorhaben aktiv teilzunehmen. Lehrpersonen, die bereits während der Info-Veranstaltung klar und sicher auftreten, können in der Regel auch die Naturgänge sicher bewältigen. Jedes ausserordentliche Vorhaben geht bachab, wenn eine Lehrperson selbst Angst hat, schlecht vorbereitet und unklar oder extrem kompliziert in den Anweisungen ist. Ich habe das selber erlebt, wie meine an und für sich unproblematischen

3 PRAKTISCHES

Klassen plötzlich entglitten, wenn sie bemerkten, dass ich unkonzentriert bei der Sache war. Es machte binnen Minuten «peng» und die Sache flog mir um die Ohren. Nicht dass dabei etwas Gefährliches passiert wäre – aber die Kinder gelangten in einen regelrechten Rausch, übertrumpften sich mit Kreischen und Schreien und Unordnung-Stiften. Wessen Fehler das war? Meiner – und nur meiner, weil ich nicht präzis war. Wer Erfahrung mit dem Führen von Hunden, Pferden oder gar Maultieren oder Eseln hat, kennt dieses Phänomen: Der «Leitwolf» muss wissen, was er will. Tut er das nicht, suchen die Anvertrauten eigene Wege oder bleiben stehen und bocken. Beides ist unangenehm, weil man als Verantwortliche die Kontrolle verliert. Und als Lehrperson, die mit Kindern in der Natur unterwegs sein will, ist es unausweichlich, die Kontrolle zu behalten. Man kann nie alles verhindern, aber man kann sich optimal vorbereiten und man kann sich noch optimaler verhalten, indem man angstfrei unterwegs ist. Denn fühlt sich die LP (Lehrperson/Leitperson) sicher, sind es auch die Kinder. Und sie wiederum geben Feedback daheim und entkräften die Sorgen und Vorbehalte der Eltern.

So «unbedarft», wie ich als junge Lehrerin an die Sache herangegangen bin, ist allerdings auch nicht zu empfehlen und heute wäre solches Vorgehen schlicht unmöglich: Ich unterrichtete nach der Ausbildung

Rucksack zum Thema Mittelalter.

20 Kinder einer Mittelstufe (Zyklus II) und plante eine Übernachtung im Wald – in einer abgelegenen Holzerhütte von Eltern. Wir luden alle Eltern abends in den Wald ein zum gemeinsamen Essen am Feuer. Danach gingen die Eltern heim. 20 Kinder, mein damaliger Hund und ich blieben alleine im Wald und übernachteten dort. Kein Mobiltelefon, nichts. Alles ging gut, es war wunderbar, unvergesslich. Eine Waldnacht so zu organisieren – das würde ich mich heute nicht mehr getrauen. Es ist nicht falsch, auch als LP immer wieder etwas dazuzulernen.

Ich habe mit den einen Eltern auch ausgemacht, dass sie auf einer sogenannten Pikettliste stehen – sollte also etwas Unvorhergesehenes passieren draussen, gäbe es immer eine Möglichkeit, rasch Hilfe anzufordern. Einen Waldplatz mit Handyloch würde ich darum nicht auswählen. Mir ist auch wichtig, dass regelmässiger Unterricht draussen nicht gegen jede Vernunft durchgezwängt wird: Wenn die halbe Klasse bereits erkältet ist und es in Strömen regnet, bleibe ich im Schulhaus – bei Sturmwarnungen oder schwerer Schneelast auf den Tannen ebenso.

Aber zurück zum Anfang des Naturgangs: Noch bevor die Eltern ins Boot geholt werden, braucht es eine Idee, wo in der Natur der Unterricht stattfinden soll. Ich persönlich bevorzuge Waldränder und Wälder. Selbstverständlich wird mit den Besitzern abgeklärt, was geht und was nicht. Noch nie habe ich erlebt, dass eine Schulklasse unwillkommen war in der Natur, wenn die zuvor ausgemachten Regeln eingehalten wurden. Fotos vom künftigen Waldplatz beispielsweise helfen am Elternabend, dass sich Eltern etwas darunter vorstellen können.

Natur Mensch Gesellschaft NMG

Es macht grossen Sinn, NMG-Themen draussen stattfinden zu lassen. Dabei geht es nicht nur um die klassische «Naturkunde», wie sie früher unterrichtet wurde. Auch historische und gesellschaftliche Themen lassen sich wunderbar in der Natur verorten und behandeln. Nachfolgend findet sich ein Sammelsurium an in der Praxis erprobten Ideen, wie NMG-Unterricht zum unvergesslichen Erlebnis wird und Inhalte mit Erlebtem assoziiert und abgespeichert werden können.

Als Basis von jedem Unterricht in der Natur bieten sich die Themen Feuer, Kommunikation (siehe Sprachen) und Lagerplatz an, weil sie ganz viele grundlegende Fragen rund um den eigenen Waldaufenthalt beinhalten und beantworten. Nachfolgend finden sich Aufgabenstellungen zum Thema Feuer.

Feuer, Rauch und Asche

Nichts hat die Entwicklung von uns Menschen so sehr beeinflusst wie das Feuer, nichts das Überleben in der Natur so nachhaltig verändert. Das Feuer hat viele Gesichter. Um das erfahren zu können, bereite ich – wie bei praktisch jedem Ausflug in die Natur – passende Themenrucksäcke vor, die dann pro Gruppe abgegeben werden. Eine Freundin hat mir hierzu aus Jute und Baumwolle gefütterte, sehr schlichte, aber zweckmässige Kitchener genäht, worin alles Platz findet, was das aktuelle Thema grad erfordert: Messer, Zunder, Feuerstein, Stift und Papier oder Auftragskarten,

Ein Feuer ohne Streichholz zu entfachen will geübt sein.

PRAKTISCHES

eine Lupe oder was auch immer. Ein Kind pro Gruppe (meistens 3 bis 4 Kinder) trägt die Verantwortung für diesen Materialbeutel.

Mit diesen Rucksäcken geht es dann hinaus in die Natur, in den Wald, wo man die Möglichkeit hat, eine Feuerstelle einzurichten oder eine bereits vorhandene Stelle zu benützen, und wo sicher auch Holz herumliegt, das man einsammeln darf. In der Folge werden unterschiedliche Techniken angewendet, um Feuer zu machen. Was fängt rasch Feuer, was nicht? Wo entsteht grosse Hitze, wo Rauch? Im Rucksack gibt es auch Wachs. Die Kinder schmelzen Wachs auf dem Feuer und basteln ihre eigenen Fackeln aus Wachs, Holz und einem Baumwollstofffetzen. Das Spiel mit

Grundsätzlich: *Vorsicht bei Waldbrandgefahr. Kein Feuer entfachen ausserhalb von vorgesehenen Feuerstellen! Keine Abfälle und nur sauberes, unbehandeltes und trockenes Holz verbrennen! Keine Bäume oder Stauden fällen! Brandplatz/Feuerstelle gelöscht verlassen (Wasser oder Sand zum Ersticken und Löschen der Glut).*

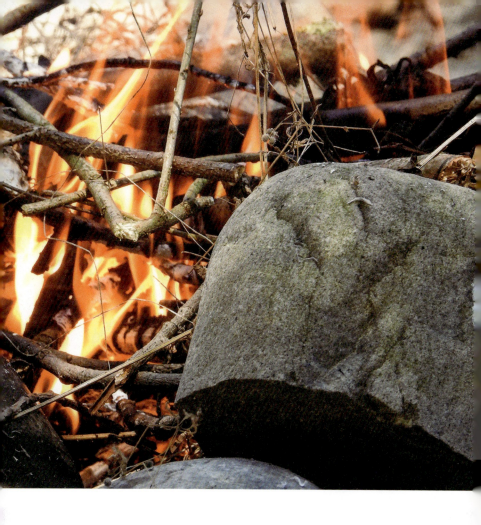

dem Feuer kann aber auch gefährlich sein – wann ist Vorsicht geboten? Was verursacht Waldbrände? Haben «Schutt und Asche» auch positive Auswirkungen auf die Natur? Fragen über Fragen, die geklärt werden sollen.

Mögliche Fragestellungen / Inputs / Einleitungen ins Thema:

- **Geschichte des Feuers**

Bis vor zweihundert Jahren, als das Streichholz erfunden wurde, war es komplizierter, Feuer zu entfachen. In Urzeiten dienten Feuerstein und

Zunder oder ein Feuerbohrer zum Entzünden eines Feuers.
Im Rucksack gibt es idealerweise historische und moderne Feuersteine.

• Holz sammeln

Feuer mit alten Hilfsmitteln zu entzünden, ist eine Kunst für sich. Bevor man das übt, ist es wichtig, genügend Holz herbeizuschaffen. Die Gruppenleitung soll am Boden in der Nähe der Feuerstelle eine Stelle markieren. Alle bringen dann ihre Sammelstücke herbei. Die Äste und Zweige sortiert man idealerweise nach Grösse und Holzart, was eine gute Gelegenheit ist, die unterschiedlichen Hölzer eingehender zu betrachten und zu beschreiben (hell, dunkel, kompakt, hart, weich, elastisch, brüchig etc.)

• Holzarten

Logischerweise verwendet man zum Feuermachen trockenes Holz. Feuchtes oder morsches Holz verursacht vor allem Rauch. Welche Holzarten lassen sich besser entfachen? Weiche (zum Beispiel Tanne) oder harte (zum Beispiel Buche)? Wie verfärben sich die Flammen bei den unterschiedlichen Holzarten? Bemerkt man Unterschiede? Welche Hölzer geben rascher grosse Hitze ab?

• Trockenheitstest

Je trockener das Holz ist, desto leichter lässt es sich brechen und verbrennen.

• Der Aufbau

Der richtige Aufbau eines Feuers will ebenfalls gelernt sein. Feinstes Material (trockene Gräser und Halme oder Blätter und Rinde) eignet sich als Zunder, den man idealerweise als «Vogelnest» aufbaut. Dünne Zweige werden pyramidenförmig über dem «Vogelnest» aufgebaut, und sobald dieses Konstrukt Feuer gefangen hat, dürfen gröbere Zweige und Äste aufgestapelt werden.

Anzündhilfen aus Eierkartons, Wachs und Sammelgut aus dem Wald.

- **Zunder**

Als Zunder dienen die trockenen Zunderschwämme, verkohlte Baumwollstoffe, Pflanzenfasern oder trockene Birkenrinde. Was funktioniert am besten, was brennt am schnellsten? Wo kann sich die Glut am besten einnisten, wo erlischt sie rasch wieder?

- **Das Vogelnest**

Zunder, der zu einem Vogelnest zusammengefügt wurde, lässt sich auch mit einer Lupe entzünden, wenn das Sonnenlicht genügend stark vorhanden ist. Die Lupe wird so ausgerichtet, dass der Brennpunkt mitten ins Vogelnest trifft.

- **Lupe**

Vorsicht beim Spielen mit der Lupe im trockenen Gelände: Ein Entzünden kann im schlimmsten Fall ungewollt ausgelöst werden.

- **Aufsicht**

Brennt das Feuer, darf es nie aus den Augen gelassen werden. Jemand aus der Gruppe sollte immer als «Feuermeister» gewählt werden. Er passt auf, dass das Feuer nicht aus der Feuerstelle ausbricht. In der Nähe des Feuers herrscht Ruhe und Ordnung!

- **Wachs schmelzen**

Das Feuer brennt. Nun kann in Blechbüchsen Wachs geschmolzen werden. Derweil das passiert, sammelt die Gruppe trockenes, brennbares Material wie kleine Tannzapfen oder Bucheckern. Sie werden portioniert in Eierkartons gefüllt und mit dem heissen Wachs übergossen. Sofort entstehen hübsche, dekorative Anzündhilfen, die auch ein ganz schönes Weihnachtsgeschenk sind – oder beim nächsten Aufenthalt in der Natur als Anzündhilfe nützlich sind.

- **Räuchern**

Seit Menschengedenken benutzen Menschen Harze, Hölzer, getrocknete Pflanzenteile wie Wurzeln, Blätter und Blüten als Räucherwerk. Ein jeder kennt Räucherstäbchen. Aber warum räuchert man überhaupt? Man nutzt die Wirkung von Aromen, anderseits die energetische Wirkung des jeweiligen Räucherwerks. Dass Düfte eine unmittelbare Wirkung auf Menschen und Natur haben, ist bekannt. Sammelt Materialien in der Natur und testet, wie sich der Geruch rund ums Feuer verändert. Vorsicht: Nur aus Distanz riechen und nicht inhalieren!

PRAKTISCHES

- **Fackeln**
Es ist relativ einfach, selber Fackeln herzustellen. Das Wachs aus dem Rucksack kommt in eine Blechdose, diese wird auf die Glut gestellt und mit der Grillzange/Zange rausgeholt, sobald das Wachs geschmolzen ist. Im Wald finden sich handliche Stöcke; das oberste Drittel wird mit Baumwollstreifen aus dem Rucksack umwickelt und im Wachs getunkt. Abkühlen lassen und fertig!

- **Einfache Fackeln**
Einfache Fackel-Alternative: Grünes Holz einschlitzen mit Messer, mit trockenem Material (Zweige, Gras, Farn etc.) stopfen und anzünden.

- **Rauchzeichen**
Feuchtes Holz und Tannenreisig erzeugen viel Rauch. Schafft ihr es, Rauchzeichen zu machen? Mit einem Tuch oder Pullover kann der Rauch verwedelt werden. Verstehen die Kollegen die Geheimsprache? Testet es!

- **Temperaturen**
Mit dem Thermometer kann vor, während und nach dem Feuermachen die Umgebungstemperatur rund um die Feuerstelle gemessen werden. Ab welcher Distanz geht Wärme in Hitze über? Welche Temperaturen sind angenehm, wann wird es unangenehm oder nicht mehr zum Aushalten?

- **Backstein**
Ein grosser Stein kommt mitten ins Feuer. Dort bleibt er für eine Stunde. Danach mit Hilfsmitteln (Ast oder Grillzange) aus der Glut holen und sicher deponieren. Wie lange behält er die Hitze? Lässt sich auf der Oberfläche ein Stück Teig backen? Was passiert mit dem Teig, wenn der Stein zu heiss ist? Was, wenn der Stein nicht mehr richtig warm ist?

- **Kohlestift**
Im Rucksack hat es allenfalls Papier und Kohlestifte zum Zeichnen. Holt Kohle aus dem Feuer, kühlt sie mit Wasser ab und lasst sie trocknen. Funktioniert dieser Kohlestift auch zum Zeichnen? Wo liegen die Unterschiede zum gekauften Kohlestift?

- **Struktur der Glut**
Glut und Asche sind spannende Teilchen, um genauer betrachtet zu werden. Was erkennt man mit der Lupe? Wie verändern sich die Holzstrukturen durch die Hitze/das Feuer?

-

- **Hygiene**

Die Feuerstelle sauber halten, nur reines Holz (keinen Abfall, kein behandeltes Holz) verbrennen, dann lässt sich sogar die erkaltete Asche verwenden: als Putzmittel oder sogar als Zahnpulver! Zwei Teile kalte, gesiebte Asche, einen Teil Birkenzucker und trockene Kräuter (Minze, Salbei, Kamille) in einem Mörser stampfen – und fertig ist die ökologische Zahnreinigung! Aber auch den Abwasch kann man mit Asche machen. Einfach mit etwas Wasser vermengen und schon hat man den Super-Reiniger zur Hand!

- **Kochen**

Feuer ist auch und primär dazu da, um Leckeres zuzubereiten: Wurst, Stockbrot oder Bratäpfel. Oder Bratäpfel mit Schoggi gefüllt! Wie lange dauert es, bis die Schokolade schmilzt? Ausprobieren und geniessen!

- **Vorsicht, Gift!**

Achtung: Stockbrot und andere Esswaren nur auf klar ungiftigen Gehölzen/Stecken backen/braten. Unbedenklich sind Haselstrauch und Weide. Die beiden sind an jedem Waldrand und an jedem Bachlauf zu finden.

Multikulturelles Kochen und Lernen am Lagerfeuer

Das erste grosse Mittagessen, das ich zusammen mit Kindern im Wald gekocht habe, war ein mittelalterlicher Eintopf: Karotten, Sellerie, Lauch, Linsen und Hirse und einige Happen Rindsragout, eine Zwiebel und etwas Salz standen zur Verfügung. Sofort fragten die Kinder nach Kartoffeln. Gab es im Mittelalter noch nicht bei uns. Also schnippelten wir das, was wir hatten, und zum Erstaunen aller war die «Suppe» nicht mal so übel.

Auch Toast geht auf offenem Feuer.

PRAKTISCHES

Mittlerweile koche ich regelmässig im Wald: Eltern und Kinder haben eingewilligt, dass der Waldtag nicht durch eine Mittagspause unterbrochen wird. Wir alle «leisten» also freiwillig zwei Lektionen mehr – und aus der Schule wird darum alle zwei Wochen eine Tagesschule. Ich empfinde diese zusätzliche Präsenzzeit nicht als belastend. Im Gegenteil. Zusammen kochen und essen ist die wohl ursprünglichste aller sozialer Interaktionen. Und das hilft jedem Klassenklima auf die Sprünge.

Aber zurück zu den Zutaten und kulinarischen Möglichkeiten: Natürlich eignen sich Kartoffeln und Gemüse als sehr gute Basis, um am Feuer (meist nur ein Topf) zu kochen. Mit der Zeit wird man mutiger:, Älplermakaronen und Apfelmus (2. Feuer mit 2. Topf), Toasts, Omeletten, Spiegeleier, Rösti, Käsefondue, Teigwarenaufläufe, Suppen in allen Varianten, Porridge an kalten Wintertagen, Stockbrot, Bratäpfel, Risotto mit frischen Waldpilzen im Herbst – die Vielfalt ist gross. Es ist auch nicht schwierig, auf ein vegetarisches Kind oder ein Kind aus einem anderen Kulturkreis Rücksicht zu nehmen. Notfalls kommen die Würstli oder das Schweinefleisch erst am Schluss zum Gericht – wenn die ersten Kinder ihre Schalen schon gefüllt haben. Mit etwas gutem Willen lassen sich ganz viele Probleme umschiffen.

Kinder aus unterschiedlichen Kulturen geben Inputs, was in ihrem Eintopf/Essen nicht fehlen sollte. So können Horizonte erweitert werden. Es ist möglich, einen multikulturellen Eintopf zu machen, der auch den Vegetariern schmeckt.

Alle lernen am Lagerfeuer und verwöhnen den Gaumen. Aber ja, dann gibt es die Kinder, die ausser Brot und Schokolade nichts essen wollen: Es bringt nichts, sie ausgerechnet beim vergnüglichen Kochen am Lagerfeuer umerziehen zu wollen. Das ist primär Sache der Eltern, Kinder ernährungstechnisch zu bilden. Oft erlebe ich, dass die Lust, gemeinsam Gemachtes dann doch wenigstens zu kosten, grösser ist, als die voreingenommene Meinung und Ablehnung. Und damit ist in meinen Augen schon viel gewonnen. Spannend ist es auch, die Kinder aufzufordern, ein Lebensmittel (auch Kräuter und Gewürze) für den gemeinsamen Eintopf mitzubringen und sich dann auch auf diese Geschmacksspiele einzulassen. Warum nicht mal ein ori-

Eintöpfe und Suppen lassen sich auf dem offenen Feuer besonders gut zubereiten.

entalisches Gewürz mitkochen oder ein Stücklein Lamm mitbraten? Die Faszination liegt beim Ausprobieren, gemeinsam Entdecken und Kosten. Die LP hat die Aufgabe, zu kontrollieren, dass Lebensmittel richtig gelagert und behandelt werden, dass beispielsweise Fleisch und Milchprodukte kühl (portable Box) gehalten werden und dass sauber gerüstet und gewaschen wird und nichts Angefaultes oder Angeschimmeltes in den Topf gelangt. Zudem muss die LP ausgleichend wirken und aufpassen, dass nicht ein Kind aufgrund seiner Essgewohnheiten gehänselt wird. Toleranz, Akzeptanz und Achtsamkeit können auch so trainiert werden. Toll ist es auch, wenn die Kinder die Möglichkeit haben, vorgängig im

PRAKTISCHES

Grossverteiler Foodwaste-Produkte (Ausschussware) zu ergattern (vielleicht mit einem vorgängig selber verfassten Brief) und zu sehen, was sich damit noch alles anstellen lässt. Auch hier muss natürlich der Lebensmittelzustand von der LP kontrolliert und müssen die Hygienevorschriften nach Lebensmittelgesetz eingehalten werden. Die Kinder sollen auch lernen, dass möglichst wenig weggeworfen wird, dass auch etwas geschrumpfte Gemüse noch gut sind, um eine Suppe zu kochen.

Vielleicht haben die Kinder bereits gelernt, was das Reh frisst, warum der Eichelhäher so heisst und welche Speisen Dachse und Marder bevorzugen. Und wir? Was können wir essen aus der Natur? Welche Pflanzen und Beeren sind bekömmlich, wo ist Vorsicht geboten? Und wie schmeckt eine Suppe aus frischen Kräutern vom Waldrand? Welche Gerichte lassen sich einfach am Lagerfeuer zubereiten?

> *Hier ist die LP ebenso gefordert:* Es empfiehlt sich, den Kindern zu verbieten, etwas in den Mund oder Topf zu stopfen, was nicht vorher von der LP abgesegnet worden ist.

Die ganze Sache mit dem Kochen hat einen weiteren positiven Effekt: Zählen, messen, wägen: Nirgends geht es einfacher als beim Kochen!

Das perfekte Lager – für Mensch und Tier

Wie man sich bettet, so liegt man, heisst das Sprichwort. Und tatsächlich, die Natur ist voll von spannenden Lagerplätzen. Wer wohnt im Bau, wer hat schön aufgeräumt, wer ist ein Ferkel, wer liebt es flauschig und wer zügelt jede Nacht in ein neues Bett – und weshalb? Fragen über Fragen. Ein Streifzug durch Wiese und Wald, entlang von Weg- und Waldrändern bringt Einsichten – und Aussichten. Die LP ist beispielsweise mit entsprechenden Info-Karten und Tipps ausgerüstet, damit sie den Blick der Gruppenteilnehmer schärfen kann.

Weinbergschnecken. Sie bauen sich das eigene Haus.

Nichts ist stärker als die Fäden der Spinnen, die kunstvolle Weben spinnen.
(Archiv Landverlag/Fotolia)

PRAKTISCHES

Das Bett vom Reh findet man oft im Wald. Ist darin auch ein Trittsiegel, stammt es von einem Bock, weil er sich anders erhebt als eine Rehgeiss, die keine Trittspuren im Bett hinterlässt.

hkomplexer Staat: eisenhaufen sind die Spitze des bergs. Die Staaten en unterirdisch er.

Die sogenannte Hasensasse findet man in Feldern oder entlang von Waldrändern oder auf Waldlichtungen.
(Frank Hecker)

nigbienen leben im Bienenstock. Wenn es zu eng wird d eine neue Königin ihr eigenes Volk sammelt, verlässt n Schwarm den Stock und sucht sich eine neue Bleibe.

PRAKTISCHES

Auch Wespen sind Baumeister. Aus altem Holz konstruieren sie prächtige Nester.

Gerade alte Laub- und Obstbäume bilden mit der Zeit natürliche Bruthöhlen, die für ganz viele Tiere wichtig sind. Waldkäuze beispielsweise verstecken sich oft in solchen Löchern.

Eichhörnchen bauen sich mehrere Kobel, meist hoch oben in den Bäumen.

3 PRAKTISCHES

Ob Drossel oder andere Vögel:
Der perfekte Nestbau ist faszinierend.

Fuchs- und Dachsbau:
Meist vom Dachs
gegraben und von
Füchsen mitgenutzt
oder geerbt.

Unser eigenes Lager

Die Lagerplätze/Betten/Nester der Wildtiere sind erkundet, die wichtigsten Erkenntnisse mündlich oder schriftlich (z.B. im Waldtagebuch) vermerkt. Zur Repetition werden wichtige Punkte nochmals wiederholt. Nun können sich die Kinder überlegen, worauf zu achten ist, um den eigenen Lagerplatz draussen zu wählen und zu bauen. Gibt es Kriterien, die man bei den Tieren abschauen kann?

Hier mögliche Kriterien zum eigenen Lager:

- In Wassernähe (falls möglich)
- Nicht unter Bäumen (herunterfallende Äste, Harz etc.)
- Gegen Nordwesten mit Windschutz
- Nicht an Steillage, aber auch nicht in einer Mulde (Überschwemmungsgefahr bei plötzlichem Regen) und nicht zu nahe am Wasser
- Möglichst offen und aussichtsreich; trockener, möglichst ameisenfreier Boden
- Nicht in Feuchtgebiet (Mücken)
- Nicht auf erhöhten Plätzen (Blitzeinschlag bei Gewitter)
- Den richtigen Platz muss man suchen und einrichten – so, dass die Umgebung möglichst wenig verändert wird.

Das Steinzeit-Lager im Klassenzimmer.

Das Lager der Inuit im Klassenzimmer.

Mit einfachen Mitteln lassen sich Themen visualisieren und ermöglichen Kindern einen einfacheren Einstieg in ein Thema.

Meine Gruppen haben unterschiedliche Plätze gesucht für den Rückzug – unweit vom gemeinsamen Lagerplatz mit Feuer und Hängematten. Erst suchten sich Buben und Mädchen je einen eigenen Platz – mit der Zeit haben sich die Cliquen durchmischt, es wurden einfache Waldsofas und Unterstände und Zelte aus Ästen gebaut. Es gab immer wieder Kinder, die sich in der Freizeit verabredet haben und an ihren Plätzen weitergebaut haben.

Spurensuchen

Nachdem das Thema «Behausungen» von Menschen und Tieren erörtert und erforscht worden ist, lässt es sich einen Schritt weitergehen: Ziel dieser Unterrichtseinheiten in der Natur ist es, die Sinne der Kinder zu schärfen, die Beobachtungsgabe zu fördern und Veränderungen in der Landschaft zu erkennen. Ferner sollen die Kinder am Ende dieses Ausflugs eindeutige Spuren in der Natur zuordnen können: Tierspuren im Schnee sind das eine – das andere sind all die zahlreichen Hinweise auf verborgenes Leben. Späne am Fusse einer Tanne, Pilze und Flechten, angeknabberte Tannzapfen, Losung von Reh oder Fuchs, aufgekratzte Böden – und Abfall über Abfall, umgerissene Tannen, ausgeschwemmte Wege, Radspuren. Selbst im Wald wimmelt es von Spuren, die nicht nur von den Waldbewohnern stammen. Eingriffe der Menschen (Feldeinteilung, Verbauungen, Wege, Markierungen, Abfälle etc.) sind oft häufiger als Spuren der Wildnis. Beim genauen Betrachten kann eine unscheinbare Feder am Boden aber auch Hinweis auf einen erbitterten Kampf oder eine ausgiebige Romanze sein. Etwas ältere Kinder können mit einer Kamera ausgerüstet werden, damit sie Spuren fotografieren. Wir haben in einer Gruppe dann eine Multivisionsshow gemacht im Klassenzimmer – und dabei Ergebnisse präsentiert und diskutiert.
In Anlehnung an die zahlreich vorhandenen Spuren der Neuzeit können sich die Kinder auf die Suche nach Spuren des früheren Lebens (zum Beispiel eine Burgruine aus dem Hochmittelalter) machen. Mögliche Fragestellungen: Wie und wovon haben die Menschen damals gelebt? Was gab ihnen die Natur, wo barg sie Gefahren, wie ging man damit um? Wie und wo haben sie

PRAKTISCHES

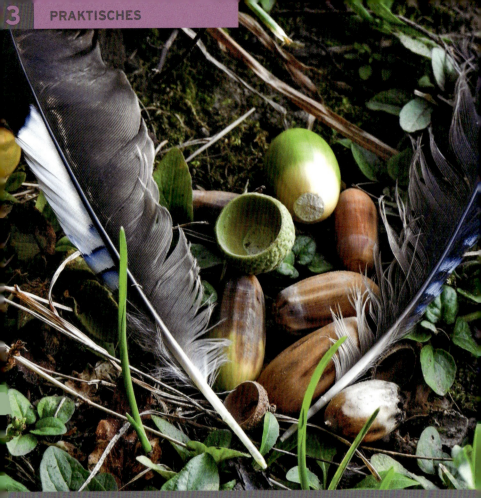

Im Herbst findet man mit etwas Glück unter Eichen auch die Federn des Eichelhähers, der sich hier tagelang gütlich tut.

Im Wald finden sich auch im wieder Überreste und Knoc von verendeten Tie

An der jungen Douglasie hat sich ein Hirsch zu schaffen gemacht. Hirsche sind richtiggehend «süchtig» nach Douglasien.

Hier war ein Greifvogel am Werk und hat einen kleineren Vogel gerupft.

PRAKTISCHES

Hier waren Biber am Werk.

Typisch Fuchs: Er ist ein Chaot und hat selten aufgeräumt, im Gegensatz zum ordentlichen Dachs. Füchse schleppen oft die unmöglichsten Dinge zu ihrem Bau.

Totholz vom Kirschbaum: Kinderstube für viele Insekten.

Marder plündern gerne Wespennester.

PRAKTISCHES

Die frischen Samen herausgeholt: Das Eichhörnchen tut es – aber auch Tannenhäher oder Fichtenkreuzschnäbel und andere Vögel mögen diese Nahrung.

Kämpfen Feldhasen um eine Braut, bleibt schon mal etwas Wolle liegen.

Kotbeeren vom Reh.

ihre Burgen gebaut? Welche Kriterien von heute waren schon damals wichtig? Was ist heute noch für Leben vorhanden bei solch einer Ruine (Eidechsen, Spinnen, Vögel etc.)?

Viel öfter als man denkt, lassen sich Themen vernetzen und in einem Guss aufarbeiten. Das hilft Kindern, Zusammenhänge zu verstehen und die viel zitierten Anknüpfungspunkte zu stärken.

Nachfolgend einige Bild-Beispiele von Spuren, die man finden kann.

Ökologie auf den zweiten Blick

Aussergewöhnlich starke Sturmwinde wüten in den letzten Jahren und bringen stellenweise auch Bäume zu Fall. Viele werden abgeknickt – andere mitsamt Wurzeln ausgerissen. Und genau diese umgerissenen Wurzelstöcke sind wahre Geschichtenerzähler. Ganz besonders spannend ist die Erkenntnis, wie dünn die Humusschicht eigentlich ist – und was

PRAKTISCHES

Der Wurzelbereich einer gestürzten Fichte offenbart viel Spannendes.

darunter verborgen liegt. Die Bodenbeschaffenheit, die Suche nach potenziellen Bewohnern, die Bildung von neuem Humus durch Pilze oder der schonende Umgang mit dieser kostbaren Schicht kann bei einem gestürzten Baumriesen (Vorsicht bei frischem Sturmholz, gut prüfen, ob keine Gefahr durch Spannung oder herunterfallende Teile besteht) sehr gut thematisiert werden. Auch die Beschaffenheit von Erde (trocken,

feucht, lehmig, weich, wasserdurchlässig etc.) wird an solchen Stellen ersichtlich. Auch hier empfiehlt es sich wie immer, spezifische Forscherrucksäcke zu packen: mit Lupe, Pinsel, Pinzette, Schreibzeug, Beutel für Erde (Mikroskop), Bestimmungsbücher, Kärtchen mit Fragestellungen etc.). Ich habe mittlerweile einen Stock von Lupen, Pinzetten und dergleichen, den ich mir selber zugelegt habe. So bin ich flexibel genug, um immer genau das zu packen, was ich grad brauche. Ganz viel Material borge ich bei Kollegen, Freunden und Verwandten. Man darf sich nicht durch scheinbar unüberwindbare Probleme (kein Budget, um Rucksäcke zu packen, kein Budget, um Lebensmittel einzukaufen etc.) entmutigen lassen. Es gibt praktisch für jedes Problem eine Lösung. Der Unterstützerwille (Material borgen) ist auch bei Eltern sehr gross – wenn sie den Sinn dahinter sehen.

Um ans nötige Geld zu kommen, habe ich mit einer Klasse darum bei Waldgängen allerlei gesammelt und am Ende haben wir für den Weihnachtsmarkt von Holundergelee über Vogelfutter und Anzündhilfen bis zu Heilsalben und dergleichen alles hergestellt, was wir als verkäuflich und ökologisch sinnvoll erachteten. Wir haben berechnet, gekocht, gewogen, Logos für unsere Marken entworfen, Plakate und Flyer gemalt. Und wir haben eine beachtliche Summe eingenommen, die wir für spannende

PRAKTISCHES

Exkursionen oder andere Unternehmungen einsetzen können. Kinder dürfen ruhig schon im Zyklus I lernen, was es heisst, Geld zu brauchen, Geld zu verdienen und Geld sinnvoll einzusetzen.

Wie man sich den Tieren in der Wildnis annähern kann

Es ist nicht unmöglich, dass die Kinder beim Ausflug in die Natur auch mal einem grösseren Wildtier wie einem Fuchs, einem Hasen oder einem Reh begegnen. Aber darauf verlassen sollte man sich als Begleitperson nicht. Man kann aber mit einfachen Mitteln und Aufgabestellungen viel dazu beitragen, dass sich Kinder dennoch für die Tiere zu interessieren beginnen. Wie schon einleitend erwähnt: Auch auf den ersten Blick unnützes Wissen trägt enorm viel zur Bildung bei. Bildung bedeutet eben nicht nur Wissen im Sinn von «auswendig lernen», was man von mir verlangt; Bildung heisst per de-

Das versteckte Metall-Kitz.

finitionem eben ja unter anderem «erworbenes Allgemeinwissen» oder auch Kultiviertheit, Verständnis für Zusammenhänge und zu wahren Erkenntnissen gelangen, ausgebildet sein oder auch Formung und Entfaltung der geistigen Kräfte. Bildung heisst also auch, Dinge zu verstehen, miteinander zu vergleichen und bei anderer Gelegenheit in einem anderen Zusammenhang wieder anwenden zu können. Zu dieser Allgemeinbildung darf darum ruhig auch ein wenig Allgemeinwissen kommen, das vielleicht schulisch grad nicht als oberste Kompetenz steht, dennoch früher oder später mithilft, Zusammenhänge zu verstehen.

Ich habe mir vor einigen Jahren – im Zusammenhang mit der Diplomarbeit zur Naturschule – einige Blechtiere erworben, die sich ganz einfach in den Boden stecken lassen (Bild links). Sie sind absolut gute Stellvertreter, um die richtigen Wildtiere zu thematisieren. Die Blechtiere werden auch an privaten Kindergeburtstagspartys, bei Wanderungen oder Inszenierungen gebraucht. Nachfolgend wieder einige Inputs/Fragestellungen/Ideen, wie Reh, Fuchs, Specht oder Eichhörnchen zum Thema gemacht werden können, so dass möglichst viel Allgemeinwissen handelnd und spielerisch erworben werden kann.

Das Reh

Rehbock.

Ein Rehkitz wird im Jungwuchs platziert – als Versteck. Unmittelbar davor sollte es einen offenen, lichten Platz, der von den Rehen regelmässig als Rastplatz benutzt wird (Spuren von Betten/Mulden und Kot/Losung), geben. Aber auch das eine oder andere verbissene Weisstännchen könnte Hinweis auf Rehpräsenz sein.

Mögliche Aufgabenstellungen zum Reh im Wald:

• **Beschreiben des Platzes**

• **Rehbett**

Erklären, warum einige Betten (Bild) Abdrücke von Hinterläufen haben

3 PRAKTISCHES

Vom Reh freigescharrter Platz im Winterwald.

(Bock), andere nicht (Geiss, andere Aufstehtechnik); erklären, warum die Rehe Boden frei scharren und täglich Bett wechseln (wegen den Parasiten wie Zecken, Flöhe etc.).

- **Das Suchen von Spuren richtiger Rehe**

- **Verbisse**

Verbisse an kleinen Weisstannen: Was sagt das über die Ernährung des Rehs aus? Warum frisst es nicht Gras, was hat der Verbiss für eine Auswirkung auf die Tanne? Was könnte man dagegen unternehmen?

- **Kot und Haare**

Kot, Haare oder andere Fundstücke unter der Lupe/dem Mikroskop betrachten

- **Geweih**

Geweih (Rucksack der Lehrperson, falls vorhanden), eines mit Bast, eines ohne Bast

Fluchtwege der scheuen Tiere

Das zweite Reh wird am lichten Waldrand platziert. Hier geht es weniger um den Rastplatz, sondern um den Hinweis, dass Rehe eigentlich Wiesen-/Feldtiere wären, aber vom

Ricke mit ihren Zwillingen.

Menschen zunehmend in den Wald zurückgedrängt wurden.

Mögliche Aufgabenstellungen zum Reh am Waldrand:

• **Durchlässigkeit**
Den Platz/Waldrand beschreiben (locker, durchlässig, licht)

• **Vergleiche**
Den Platz mit einem anderen Waldrand vergleichen (total zugewachsen, keine Durchlässigkeit)

• **Spiel**
Kinder müssen bei beiden Waldrand-Abschnitten (Dickicht/durchlässig) vor einem Verfolger flüchten. Was stellen sie fest?

• **Erkenntnis**
Erklären, warum ein gestufter, durchlässiger Waldrand wichtig ist für die Tiere

• **Feinde**
Überlegen, welche Feinde das Reh hat

• **Abgestufter Waldrand**
Erklären, dass ein gestufter, durchlässiger Waldrand auch Verbisse verhindern kann

Der Fuchs

Neugieriger Fuchswelpe.

Die als jagender Fuchs dargestellte Figur wird in der Nähe der Grillstelle platziert, versteckt im Gebüsch.

Mögliche Aufgabenstellungen zum Verhalten des Fuchses:

- **Spuren**
Den Wald nach Fuchsspuren durchsuchen (es gibt oft Baue, die gut sichtbar sind, und Losung wie dunkler Hundekot auf erhöhten Stellen, im Sommer mit Kirschsteinen durchsetzt, weil Füchse gerne Kirschen naschen)

- **Nähe zu Mensch**
Vermutungen anstellen, warum der Fuchs so nahe am Grillplatz ist. Füchse «wandern» zunehmend in Menschennähe. Warum?

- **Erfahrungen**
Haben die Kinder/Teilnehmer Erfahrungen mit Füchsen? Im Quartier? In der Stadt? Wie macht sich das bemerkbar? Den Begriff «Kulturfolger» erklären. Vergleich zu domestizierten Haustieren wie Hunden.

- **Gefahren?**
Was ist gefährlich, wenn der Fuchs so nahe zum Menschen kommt?

- **Den Fuchs zeichnen**

- **Pelz tasten**
Fuchspelz (im Rucksack, falls möglich) ertasten, beschreiben etc.

- **Anatomie**
Fuchsschädel (falls organisierbar) ertasten, beschreiben etc.

- **Feinde**
Welche Feinde hat ein Fuchs (raten, diskutieren = Mensch/Auto/Uhu und Adler bei Jungen)

Der Specht

Buntspecht. *(AdobeStock)*

Der Specht wird am Stamm eines sterbenden Baumes befestigt.

Mögliche Aufgabenstellungen zum Specht:

- **Platz**
Den Platz beschreiben (Mischwald, alter Baumbestand etc.)

- **Totholz**
Den Baumstamm beschreiben (Holzschwämme, lose Rinde, keine Rinde mehr)

- **Arten**
Kennen Teilnehmer Spechte (Buntspecht, Schwarzspecht, Grünspecht)?

- **Buntspecht**
Definieren, dass das gezeigte Tier einen Buntspecht darstellen soll (häufigste Art)

- **Lebensweise**
Lernkarten zum Specht über Nahrung, Brutverhalten, Specht-Schmieden und Trommeln zur Verständigung (siehe auch Teil 2, Wer bin ich?)

- **Spuren**
Die Teilnehmer suchen Baumstämme auf Spuren ab (kleine Löcher und Einkerbungen in Baumrinde, auch an gesunden Bäumen = vor allem Nahrung im Frühling/Baumsaft. (Ernährung: Er ernährt sich hauptsächlich von Insekten und Spinnen und klaut auch mal ein kleines Vogelei. Im Winter sucht er Samen und bedient sich gerne an unseren Vogelhäuschen.)

- **Nahrung**
Warum ist der Specht an einem toten/absterbenden Baum angebracht? Vermutungen?

- **Unter der Rinde**
Die Teilnehmer lösen, falls noch vorhanden, etwas Rinde vom Baum und schauen, was zum Vorschein kommt (Nahrung)

PRAKTISCHES

• **Löcher hacken**
Die Teilnehmer dürfen mit einem Messer versuchen, ein Loch in einen toten Baum/Baumstrunk zu machen – und in einen frischen Baumstrunk. Was stellen sie fest (weich/hart)? Schlussfolgerung: Bruthöhle bauen Spechte im weichen Baum (Der Buntspecht brütet einmal im Jahr zwischen April und Juni. Ein Gelege umfasst zwischen drei und sieben Eiern. Jedes Jahr baut er eine neue Höhle. Verlassene Bruthöhlen dienen zahlreichen anderen Tieren wie Kohlmeisen, Eichhörnchen oder Wildbienen als Unterschlupf und Lebensraum.)

• **Trommelspiel**
Die Kinder verteilen sich im Wald und versuchen, sich durch Trommeln auf die Baumstämme (mit Ast) zu verständigen. Vorher machen sie in der Gruppe eine Zeichensprache ab, z.B. dreimal klopfen = Hallo, fünfmal klopfen = ich habe Hunger etc. Klappt die Verständigung? Gibt es Bäume, die besser klingen (Resonanzkörper) als andere?

Das Eichhörnchen

Eichhörnchen. *(AdobeStock)*

Das Eichhörnchen wird am Waldrand in der Höhe von ca. zwei Metern in einem Haselstrauch platziert.

Mögliche Aufgabenstellungen zum Eichhörnchen:

• **Spuren**
Die Teilnehmer suchen die Umgebung nach Spuren ab

• **Kobel**
Wer findet den Kobel (versteckt durch LP in einer Astgabel in der Nähe)? Hinweis darauf, dass sich die Tiere unter Umständen mehr als ein halbes Dutzend davon bauen

• **Nahrung**
Die Kinder machen sich auf die Suche nach möglichem Eichhörnchen-

futter (Nüsse, Knospen, Samen, Kerne, Pilze, Früchte – und Vogeleier oder sogar mal ein kleiner Vogel!)

• **Feinde**
Welche Feinde haben Eichhörnchen (Suche im Wald = Baummarder, Suche auf den Feldern = Hauskatzen)

• **Winterruhe**
Winterruhe, nicht Winterschlaf: Was heisst das? Was wissen die Kinder über Winterschläfer? Erklären, was Winterschlaf/Winterruhe bedeutet (Unterschiede)

• **Vorräte**
Vorratslager der Eichhörnchen = Eichhörnchenspiel (ABC). Eichhörnchen finden durch Riechen, nicht mit der Erinnerung! Sie sind diesbezüglich schusselig (Porträt in Teil II).

• **Waldgärtner**
Was bedeutet es für die Natur, wenn Eichhörnchen nicht mehr alle Vorräte finden? Waldgärtner!

• **Anatomie**
Tier beschreiben (Präparat im Rucksack), Fellfarbe = Wechsel = Tarnung

Projekte mit externen Fachpersonen

Es ist nicht nötig, als LP immer und überall alles selber zu können und zu wissen. Es gibt zahlreiche Fachleute, die gerne bereit sind – auch für wenig Geld oder für eine Schachtel Schokolade –, ihr Fachwissen an Kinder weiterzugeben. Unvergessen bleibt da zum Beispiel eine Wasserexkursion mit einem Brunnenmeister, eine Exkursion im Hochmoor mit dem Ranger, ein Waldtag mit dem Pilzkontrolleur oder die Exkursion mit dem Wildhüter. Staatsangestellte wie Förster haben sogar Zeitfenster, die sie zur Umweltbildung nutzen dürfen. Hier zwei Vorschläge für Grossprojekte, die von einer Fachperson durchgeführt werden können.

Vom Wald zum Haus

Zusammen mit dem zuständigen Förster wird abgeklärt, ob im Privatwald oder Staatswald eine Tanne gefällt werden darf. Mit dem Förster/Forstwart wird dieser Baum gefällt und die Kinder begleiten den Abtransport in die Sägerei, sind dabei, wenn aus dem Stamm Bretter werden. Aus den Brettern sollen schliesslich brauchbare Gegenstände gezimmert werden, ein Vogelhaus beispielsweise. Aus den Tannästen könnte das Waldsofa gebaut oder ein Vorrat an Brennholz für das Lagerfeuer geschaffen werden. Voraussetzung ist wie immer bei solchen Projekten, dass das Kollegium mit einbezogen wird und auch willig ist, mitzumachen. Auch hier gilt: Klar formulieren, was man möchte, und den Nutzen aufzeigen.

Eine Tanne fällen und verarbeiten.
Und später aus den Brettern hübsche Vogelhäuser zimmern. Ein Projekt, das Sinn macht. Hier eine Blaumeise auf Haussuche.

3 PRAKTISCHES

Selbstgemachtes Vogelfutter.

Naturkosmetik

Naturschutz beginnt im Alltag, im Kleinen. Mit den Lebensmitteln, die wir konsumieren, mit der Art und Weise, wie wir uns fortbewegen – und ganz stark auch, womit wir unseren Körper pflegen. Blei, Plastikpartikel, Palmöl: In herkömmlichen Pflegeprodukten wimmelt es von ökologischen Fallen. Darum darf ruhig eine Kräuterpädagogin einbezogen werden, damit selber Pflegeprodukte hergestellt werden können. Kompliziert ist das nicht und für die Kinder eine reiche Erfahrung. Es ist auch möglich, mit den Kindern zum Beispiel an einem heissen Vorsommertag nach dem Sportunterricht Wildrosenfussbäder zu machen oder kleine Kneipp- und Barfusspfade einzurichten und zu gehen. Die Natur hält diesbezüglich fast alles bereit.

Heilsalben aus Spitzwegerich, Arnika oder Thymian sind immer willkommen.

Rollenspiele, Gruppenwettkämpfe und Zeitreisen

Aus der Erfahrung weiss ich mittlerweile, dass Rollenspiele und Zeitreisen draussen ausserordentlich effektiv sind, damit sich Kinder zum Beispiel historische Inhalte einprägen können. Hier zwei Beispiele:

Steinzeitleben

Um den Kindern den Alltag der Steinzeit näherzubringen, habe ich die Klasse in drei Gruppen eingeteilt. Jede Gruppe wurde mit Namen, Aufträgen und Material ausgerüstet. In den Wochen zuvor hatten wir das Thema Urgeschichte und die Entwicklung des Menschen, Werkzeuge, Tiere, Techniken, Nahrungsmittel etc. der Steinzeit im Klassenzimmer erarbeitet, vorwiegend im traditionellen Sinn mit Text, Bild, Werkstattposten, Gruppenarbeiten etc. Nun folgte der Halbtagesausflug in den Wald. Jede Gruppe bekam einen Namen, einen Materialrucksack und mehrere Aufträge.

Altsteinzeit: Töpfern, brennen, Werkzeuge herstellen, Kleider nähen, Verzierungen/Höhlenmalerei.

PRAKTISCHES

Auftrag Bärenjäger:

- An eurem Lagerplatz muss ein Feuer brennen, das ihr anderen Gruppen im Tauschgeschäft überlassen könnt, damit diese ihre Gefässe brennen können.

- Ihr stellt mindestens drei gute, brauchbare, robuste Werkzeuge her (Messer, Pfeil und Bogen, Speer mit Spitze, Faustkeil etc.). Ihr könnt ein Werkzeug gegen etwas anderes tauschen (z. B. gegen Ton, um eine Pfeilspitze zu machen). Ihr könnt aber auch Lehm in der Natur suchen gehen.

- Ihr betreibt einen «Brennofen». Ihr wisst also, wie man am besten Ton brennen kann (ausprobieren), und helft den anderen dabei (gegen Bezahlung).

Im Juterucksack der Bärenjäger gab es nur historische Feuersteine und Zunder. Dazu ein kleines Stück Schnur aus Hanf. Für jede gelöste Aufgabe gab es Punkte. Punkte verlor, wer bei der LP einen Neuzeit-Joker einlösen musste (im Fall der Bärenjäger waren das die Streichhölzer).

Auftrag Waldhexen:

- An eurem Lagerplatz muss eine Werkstatt entstehen. Ihr müsst also zuerst Arbeitsmaterial und Werkzeuge herstellen oder kaufen.

- Ihr müsst versuchen, Schafwolle in Garn zu spinnen, damit ihr nähen könnt. Ihr könnt auch Naturfasern (Brennnessel oder Weidenrinde) eignen sich sehr gut) suchen, die sich zum Faden verarbeiten lassen.

- Ihr müsst ein Paar tragbare Schuhe herstellen.

- Ihr könnt im Tauschgeschäft (z.B. Faden/Schnur) bei den Bärenjägern vielleicht Werkzeug «kaufen».

- Ihr müsst Pflanzenfarben herstellen und «verkaufen».

Im Jutebeutel der Waldhexen gab es ein Stück Leder, einen Feuerstein, einen Knäuel rohe, gewaschene, aber ungesponnene Wolle, einen gut ausgekochten Hühnerknochen und einen Becher aus Holz. Der Joker aus der Neuzeit war eine Nähnadel.

Kostbares Gut im Mittelalter: Der Pfeffer. Hier wird gehandelt darum.

Auftrag Hausgeister:

- An eurem Lagerplatz muss eine Hütte für euch alle/ein Zelt/ein Unterschlupf entstehen. Ihr müsst also zuerst Arbeitsmaterial und Werkzeuge herstellen oder suchen oder kaufen.

- Ihr müsst versuchen, die Hütte innen mit Wandmalerei zu schmücken.

- Ihr müsst mindestens 3 brauchbare Gefässe töpfern und bei den Bärenjägern gegen ein Tauschgeschäft brennen lassen.

- Ihr könnt im Tauschgeschäft bei den Waldgeistern Pflanzenfarbe «kaufen» oder selber herstellen.

- Ihr sammelt essbare Vorräte (Nüsse, Beeren, Teekräuter), die ihr evtl. bei Tauschgeschäften einsetzen könnt.

Im Beutel der Hausgeister befanden sich Ton, ein Feuerstein, ein Stück Hanfschnur und ein Lederbeutel für Vorräte. Der Joker aus der Neuzeit war eine Rolle Papier.

Mittelalterliches Leben

Bei dieser Klasse war die Ausgangslage ähnlich: Schweizer Geschichte (Kelten bis Mittelalter) und Schweizer Geografie (vor allem Landschaftsgestalter Wasser) wurden im Schulzimmer erarbeitet (mit einer Werkstatt, Zyklus II). Zum Abschluss planten wir eine Exkursion zu einer mittelalterlichen Burgruine in der Nähe ein – mit anschliessendem Goldwaschen am Fluss (Fundstelle von Keltensiedlungen).

Auch hier bildete ich Gruppen und rüstete diese mit den Forscherrucksäcken aus (ich vermiete solche auch an Klassen, die in der Gegend Landschulwochen machen). Ich gab den Gruppen die Namen «Ritter», «Klerus/Mönche» «Burgfräulein» und «Wegelagerer». Da wir die Ruine erwanderten, erhielten die Kinder die Aufträge schon beim Ausgangspunkt, um unterwegs zum Beispiel Gewürzkräuter, Schmuck oder Haselstecken für Pfeil und Bogen zu sammeln. Ein Freund spielte den «mittelalterlichen Bauern», der mit einer grossen Last unterwegs zur Burg war, um den Zehnten abzuliefern; er betätigte sich auch grad als Wanderleiter. So hatte ich Zeit, bei der Burgruine Wasser,

Burgruine als perfektes Spiel- und Forschungsfe

Kochtopf und Dreibein vorzubereiten und zu deponieren. Natürlich hatte der Bauer im Gepäck wichtige Dinge wie Salz, das eine Gruppe erhandeln musste, um den Mittagseintopf zu würzen. Auch Hirse, Reis, Gemüse und dergleichen hatte der Bauer dabei. Die Gruppen hatten wie bereits

die Steinzeitmenschen den Auftrag, Aufgaben zu lösen: Pfeil und Bogen basteln, Schiessturnier veranstalten (als Preis gab es etwas Rindfleisch von der LP für den Eintopf), Feuer machen, die Ruine erobern und mit der eigens gestalteten Fahne schmücken, Wegelagerer ausfindig machen, Schmuck für Tauschhandel herstellen, einen Minnegesang dichten und vortragen, Instrumente basteln etc. In den Rucksäcken gab es wenig Material wie Messer, Schnur, einige Glitzersteinchen, einen Beutel Pfefferkörner, Feuersteine, Zunder, Teig für Stockbrot. Wieder mussten die

PRAKTISCHES

Gruppen sich überlegen, wie sie am besten vorgehen wollten, um möglichst erfolgreich zu sein.

Bei beiden Beispielen war sofort klar: Es gibt die hibbeligen Kinder, die sofort versuchen, etwas zu tun, ohne vorher zu überlegen, scheitern, weinen, frustriert sind, sich dann nochmals zusammenraufen und schliesslich auch gut arbeiten; es gibt die Konstellationen, die erst ungute Gruppendynamiken ausschalten und sich als Team finden müssen – und es gibt die Strategen, die erst überlegen und dann handeln. Derweil «im Mittelalter» heisses Prachtwetter herrschte, hatten «die Steinzeitmenschen» gegen Nieselregen zu kämpfen. Das machte vor allem der Feuer-Gruppe Kopfzerbrechen und irgendwann mussten sie den Joker «Streichholz» einlösen.

Nach anfänglichen Schwierigkeiten schafften aber beide Klassen am Ende tolle Ergebnisse: Sie handelten, sie prüften Vor- und Nachteile, sie belauschten einander, sie verbündeten sich – und sie gaben alles, um alle Aufgaben zu erfüllen. Nie werde ich den stolzen Blick des Jungen vergessen, als er nach anfänglichem «unmöglich» die ersten gebrannten Tonschalen aus dem Feuer holte und stolz durch den halben Wald trug.

Mein persönliches Fazit (und auch das von Kindern und Eltern): So viel wie bei diesen «Zeitreisen» kann man mit dem Bearbeiten von Arbeitsblättern gar nie lernen. Die vorgängige Theorie hat aber auch ihren Wert: Die Kinder haben bei der spielerischen Zeitreise schon eine kleine Vorstellung, kennen Begriffe wie Faustkeil oder Feuerstein oder Burghof oder Klerus. Was das alles aber wirklich ist, wie ein Zusammenleben und Überleben damals hätte aussehen können, das erfahren sie erst, wenn sie es hautnah erleben. Und das werden sie nie mehr vergessen.

Ähnlich positiv äusserten sich Kinder auch einmal, als wir im Rahmen der Jungsteinzeit unterschiedliche Getreide anpflanzten, ernteten, verkosteten, mit Steinen mahlten und Brot backten. Noch Monate später konnten die Kinder – auch aus dem Zyklus I – die sechs Getreidesorten Emmer, Dinkel, Gerste, Weizen, Roggen und Hafer locker benennen und umschreiben.

Was ich mit diesen Beispielen sagen will: Mit etwas Fantasie lässt sich Unterricht zum Erlebnis machen.

Auch ich als Pädagogin geniesse solche Momente und empfinde die vorgängige Organisationsarbeit nicht als Belastung. Ausserdem kommt mit jeder neuen Erfahrung Routine dazu.

Vom Getreide zum Mehl in der Jungsteinzeit.

Mathematik

Die Natur ist Mathematik! Wohin wir auch schauen, wir begegnen hüben und drüben mathematischen Regeln, Gesetzen, Formen und Körpern. Die können genutzt werden.

Am einfachsten geht das, wenn auch hier möglichst viel Inhalt in Geschichten verpackt wird oder in Nachvollziehbares und Bekanntes. Gerade Sachrechnungen können fast beliebig erfunden werden. Oft geht es nicht einmal darum, dass die Kinder die Resultate ausrechnen. Alleine die Vorstellung, wie man eine Aufgabe lösen kann, hilft später beim Lösen von Aufgaben in den Math-Lehrmitteln. Im Lehrplan 21 ist die Rede von «reichhaltigen Aufgaben», wo das ganze Drumherum (forschen, Hilfsmittel, Strategien, Lösungswege, Zahlenräume) wichtiger ist als die Lösung. Und es ist die Rede von «geschlossenen Aufgaben», die scheinbar nur die Lösung/das Endresultat zum Ziel haben. Auch solche Aufgaben können aber angereichert werden – indem man beispielsweise klar definierte Terme in ein anderes Umfeld stellt und schaut, ob und wie sie sich übertragen lassen.

Mit einer meinen Klassen (Zyklus 1 und 2) habe ich ganz viele Aufgaben rund um die Schulwälder erfunden. Die Kinder haben immer wieder die Möglichkeit, in klassenübergreifenden Gruppen über einer Aufgabe zu brüten und Lösungsansätze zu suchen. Hier einige Beispiele aus dem Naturalltag (aus unterschiedlichen Perspektiven formuliert):

1. Distanzen

- **Messband**

Vom Schulhaus bis zum Lagerplatz im Wald sind es 1010 Meter. Drei Buben haben das gemessen. Sie benutzten ein Messband, das 10 Meter lang ist. Wie oft mussten die Buben das Messband auslegen, bis der ganze Weg gemessen war?

PRAKTISCHES

- **Ein Hin und Her**
Die 3 Mädchen aus der 2. Klasse legen pro Schritt einen halben Meter (50 cm) zurück. Wie viele Schritte macht jedes von ihnen vom Schulhaus bis zum Lagerplatz?

- **Schritte**
Am Nachmittag geht die Klasse wieder ins Schulhaus zurück. Zählt diese neuen Schritte zum ersten Resultat dazu.

- **In Bewegung**
Natürlich sitzen die Mädchen im Wald nicht nur am Lagerfeuer. Sie suchen Holz, spielen, erledigen Aufträge und bauen an ihren Hütten. Dabei legen sie nochmals 1500 Meter zurück. Wie viele Schritte sind das? Wie viele Schritte hat jedes Mädchen insgesamt gemacht?

- **Die Summe**
Wie viele Schritte haben alle drei Mädchen zusammen gemacht? Schreibt alle Zwischenresultate, Überlegungen und Endresultate aufs Blatt.

- **Hundetempo**
Hund LUNA ist ein richtiges Energiebündel. Sie legt den Hinweg mit all ihren Zusatzrunden 5-mal zurück.

Auf dem Rückweg ist sie schon etwas müde und legt ihn nur noch 3-mal zurück. Wie viele Meter ist sie am Ende gelaufen?

- **Schneckentempo**
Auf unserem Weg in den Wald treffen wir Schnecken an. Sie brauchen rund eine Stunde, um 5 Meter zurückzulegen. Wie lange wäre unsere Schnecke unterwegs, bis sie vom Schulhaus bis zum Waldplatz gekrochen wäre?

- **Kindertempo**
Kinder dagegen sind schnell unterwegs. Sie würden in einer Stunde 5 Kilometer schaffen. Wie lange (Minuten) brauchen sie also, um den Kilometer in den Wald zurückzulegen? Vergleicht das Resultat mit dem Ergebnis aus Rechnung Nr. 4.

- **Sammelgut**
Die beiden Erstklässler finden auf dem Weg Eicheln, die ein Eichelhäher verloren hat. 25 Stück liegen auf dem Boden. Zeichnet die Eicheln und macht schöne Päckchen, so dass keine Eichel übrig bleibt.

- **Rehe drehen Runden**
«Rehe», ruft ein Mädchen und zeigt auf die Wiese neben dem Waldrand.

Spielende Rehe: Wie viele Runden, wie viele Meter? Sachrechnen mitten in der Natur.

Gleich 5 Rehe sind zu sehen. Sie spielen und drehen ihre Runden. Jedes Reh macht 7 Runden, so übermütig sind sie. Wie viele Runden macht die Gruppe insgesamt?

• **Federn**

Die Mädchen aus der 2. und 3. Klasse haben richtige Adleraugen und finden ganz viele Federn vom Rotmilan, der seinen Horst auf einer hohen Tanne am Waldrand gebaut hat. A. findet 2 Federn, B. 3, C. 5, D. 6 und E. und F. je 4. Wie viele Federn bringen die Mädchen gemeinsam zum Lagerplatz?

• **Fundstücke**
Aber auch die anderen Kinder der Klasse finden Federn: vom Mäusebussard, von Tauben, von Eichelhähern, von Amseln und von Elstern. Am Ende hat die Lehrerin 105 Federn in ihrem Rucksack. Wie viele Federn hat jedes Kind aus der Klasse im Durchschnitt gesammelt? (15 Kinder)

• **Spechtschmiede**
«Schaut, das ist eine Spechtschmiede», sagt die Lehrerin und zeigt auf eine Haselnuss, die in zwei Teilen in einer Baumrinde steckt. Am Boden liegen total 48 Schalenteile, immer zwei von einer Nuss. Wie viele Nüsse hat der Specht da geknackt?

Nüsse, Eicheln, Steinchen, Bucheckern sind alles ideale Einer-«Würfel».

2. Ziffern, Zahlen & Platzhalter

• **Würfel**
Ihr kennt aus dem Unterricht im Schulzimmer die kleinen Holzwürfel, die Stangen, Platten und Blöcke. Was stellen sie dar? Erinnert ihr euch? Notiert auf ein Blatt.

• **Platzhalter**
Sucht in der Natur entsprechende Platzhalter. Zum Beispiel Bucheckern als Einer, abgenagte Zapfen als Zehner, grosse Rindenstücke als

Ganze oder abgenagte Zapfen eignen sich sehr gut als «Zehnerstangen».

Rindenstücke können zu «Hunderterplatten» umfunktioniert werden.

Hunderter und dicke Aststücke als Tausender. Überlegt und diskutiert, was sich am besten eignet.

• **Anordnen**
Nun «schreibt» ihr mit euren Fundstücken Zahlen – grosse und kleine – und beauftragt Kinder aus anderen Gruppen, eure Zahlen zu lesen. Finden sie heraus, welcher Gegenstand die Einer, die Zehner, die Hunderter und die Tausender darstellt? Zeichnet hier einige von Euren Zahlenkombinationen aufs Blatt.

• **Zahlenmauern**
Baut mit Ästen Zahlenmauern und benutzt eure Zapfen und Nüsse, um darin Rechnungen zu erstellen. Holt Kinder aus einer anderen Gruppe, welche eure Zahlenmauern lösen müssen.

• **Rätseln**
Zeichnet hier eine von euren Zahlenmauern mit den richtigen Zahlen und rechnet sie aus. Vergleicht eure Lösungen mit den Lösungen der Kinder, welche die Waldbodenzahlenmauer von euch lösen mussten. Haben sie alles richtig gemacht?

• **Gleichungen**
Legt Gleichungen mit euren Zapfen und Nüssen. Sammelt kleine Zweige, um die Symbole > < = darzustellen. Nun holt Kinder, die eure Gleichungen lösen.

Einfach gebaut: Zahlenmauern für handelndes Lernen im Zyklus I.

Rosengewächse gleich Fünferreihe.

• **Gruppentausch**
Schreibt mit euren Zapfen und Nüssen grosse Zahlen auf den Waldboden und holt Kinder aus anderen Gruppen, welche versuchen, die grossen Zahlen zu lesen.

• **Geheime Codes**
Gelingt es euch, geheime Codes zu finden, die nur Gruppenmitglieder entziffern können? Zeichnet ein Beispiel aufs Blatt.

Stechpalme mit leuchtend roten Beeren. Giftig für Menschen!

3. Zählen, Schätzen & Diskutieren

• Reihen in der Natur
Streift durch den Wald und sucht unterschiedliche Pflanzen. Blüten, Blätter, Fruchtstände wie Zäpfli, Beeren oder Pilze stellen oft eine Regel dar: Immer 5, immer 7, immer symmetrisch, immer wechselnd. Welche Regeln und Reihen findet ihr? Dokumentiert.

• Reihen üben
Sucht praktische Hilfsmittel, um Reihen zu üben. Zum Beispiel Blüten mit 5 Blütenblättern oder Tannennadeln mit Zweier- oder Dreierbüscheln. Schreibt auf, was sich eurer Meinung nach besonders gut eignet.

• Schätzen
Pflückt einen Zweig mit Beeren (z.B. Holunder, Vogelbeere, Brombeere). Betrachtet ihn und schätzt, wie viele Beeren dranhängen. Jedes schreibt seine Zahl auf. Jetzt beginnt ihr zu zählen. VORSICHT: Keine Beeren essen, welche die Lehrerin nicht kontrolliert hat! Ihr dürft die Beeren ruhig auf den Boden werfen – Schnecken, Käfer und Vögel freuen sich daran!

• Spiegeln
Legt mit unterschiedlichen Gegenständen (Zapfen, Zweigen, Beeren) Figuren auf den Waldboden (klein). Holt bei der Lehrerin einen oder mehrere Spiegel und spiegelt eure Figuren. Versucht diese neuen Gebilde zu zeichnen und berechnet die Verdoppelung oder die Verdreifachung. Dokumentiert.

Spiegeln und beobachten, das geht ganz gut auch in der Natur.

• Symmetrie
Sucht in der Natur Dinge, die symmetrisch sind. Könnt ihr sie abzeichnen? Gibt es Tricks, um symmetrische Dinge genau zu zeichnen?

Rechnen mit Distel- oder anderen Samen.

- **Schätzen von Halmen**

Wow, ein Vogelnest! Betrachtet es genau. Schätzt, wie viele Zweige und Halme die Vogeleltern hier verbaut haben. Was denkt ihr? Schreibt eure Zahl auf und rechnet aus, wie oft die Vogeleltern fliegen mussten, wenn sie immer 3 Halme im Schnabel hatten. Vergleicht eure Ergebnisse mit den anderen Gruppen.

Nadelgehölze wie die Kiefer haben unterschiedliche Anordnung der Nadelbüschel.

Im Wald darf nicht gebaut werden. Trifft man aber auf eine bestehende Hütte, kann man ruhig auch gleich damit Berechnungen anstellen.

…warzmilan zieht Regenwurm aus …n verregneten Feld. Manchmal …ss sich der Raubvogel mit solcher …rung begnügen.

4. Wägen, Messen & Bezahlen

• Hütten
Im Wald stehen zwei verlotterte Hütten. Wir wollen sie flicken, damit wir im Winter einen trockenen Platz haben.

• Messen
Die Viertklässler haben schon einige Dinge gemessen und berechnet. Nun helfen wir alle.

• Berechnen
Die Hütten sind 2 Meter und 60 Zentimeter tief und 1 Meter 83 Zentimeter breit. Damit das Dach nicht einstürzt, braucht es Dachlatten. Die Viertklässler haben berechnet, dass sie pro Hütte 5 Dachlatten brauchen. Wie viele gesamthaft?

• Kosten Latte
Eine Dachlatte kostet 1.50 Franken. Wie viel kosten alle Dachlatten zusammen?

• Kosten Wände
Eine Seitenwand bei einer Hütte ist total kaputt. Die Kinder wollen sie mit Platten ersetzen. Es braucht 3 Platten. Eine kostet rund 21 Franken. Wie viel Geld geben wir aus für die Wand?

PRAKTISCHES

- **Kosten Dach**
Die Dachfläche pro Hütte beträgt rund 4.80 Quadratmeter (1.85 m mal 2.60 m). Eine grüne Plane (2 mal 3 Meter = gross genug) kostet Fr. 7.90. Was kostet es, beide Hütten zu decken?

- **Budget**
Um alles Material zu befestigen, brauchen wir Nägel, Schrauben und Agraffen. Berechnet:
- 35 Schrauben zu 50 Rappen
- 50 Nägel zu 10 Rappen
- 80 Agraffen zu 5 Rappen
- Total?

- **Kosten Markt**
Für unseren Weihnachtsmarkt stellen wir Anzündhilfen, Vogelfutter, Konfitüre und Salben her. Die Lehrerin kauft ein:

Vorräte des Eichhörnchens berechnen.

- **Preise**
Gläschen. Ein 6er-Pack für 3.60. Wie viel kostet ein Gläschen?

- **Anzahl**
Sie hat 15 Pakete gekauft. Wie viele Gläschen total?

- **Aufteilen**
Die Hälfte davon brauchen wir für die Spitzwegerich-Salbe. Wie viele Gläschen?

- **Zusatzkosten**
Um die Salbe herzustellen, musste die Lehrerin auch 3 Liter Sonnenblumenöl und 300 Gramm Bienenwachs kaufen. Ein Liter Öl kostet 3.90 Franken. 100 Gramm Bienenwachskügelchen kosten 8 Franken. Wie viel Geld hat die Lehrerin für Öl und Wachs ausgegeben?

- **Geld ausgeben**
Wie viel Geld hat die Lehrerin für 30 Gläser, Öl und Wachs ausgegeben? Was kostet ein Gläschen Salbe ungefähr, wenn wir nur das bezahlte Material einnehmen wollen?

- **Preise berechnen**
Wie teuer würdet ihr ein Gläschen Salbe verkaufen, damit wir noch ei-

Holz sammeln, sortieren und berechnen.

nen kleinen Gewinn (ca. 2 Franken pro Glas) für die Klassenkasse bekommen?

• **Mengen**
Wenn ihr bei 30 Gläschen Salbe jedes für Fr. 4.50 verkaufen würdet, wie viel Geld wäre am Ende in eurer Kasse auf dem Verkaufstisch?

• **Sammelgut**
Um die Anzündhilfen zu machen, sammeln wir im Wald Zapfen, Nussschalen, Rinden etc. Eierkartons sammeln wir daheim und bringen sie mit. Dieses Material kostet uns nichts. Das Kerzenwachs aber müssen wir kaufen. Ein Kilogramm kostet 8 Franken. Um alle Anzündhilfen mit Wachs zu übergiessen, brauchen wir 1.5 Kilogramm. Wie teuer ist das Wachs also?

• **Eierkartons**
Am Ende haben wir so 30 Eierkartons gefüllt. Alle Eierkartons sind 6er-Packs. Wie viele einzelne Anzündhilfen haben wir am Ende?

• **Gewinne berechnen**
Wie teuer wollen wir sie verkaufen? Gebt einen Tipp ab.

3 PRAKTISCHES

• **Holundergelee**

Die Buben haben reife Holunderbeeren gesammelt; einen ganzen Sack voll. Die Erst- und Zweitklässler haben die Beeren sortiert und gekocht. Elin hat die gekochten Früchte gepresst und am Ende hatte die Lehrerin fast 2 Liter Saft im Krug. Mit 3 geriebenen Äpfeln und etwas Zimt wurde der Saft angereichert. Dann kam alles zusammen mit 1.5 Kilogramm Gelierzucker in eine grosse Pfanne. Nach dem Kochen wurde der Holunder-Apfel-Zimt-Gelee in Gläschen gefüllt von je einem Deziliter. Es gab 20 Gläschen.

• **Äpfel kaufen**

Ein Apfel kostet 40 Rappen, ein Kilogramm Gelierzucker kostet 2.50 Franken. Für Zimt und Strom berechnet die Lehrerin total 2 Franken. Wie teuer ist die Herstellung des Gelees? Wie viel Geld würdet ihr demnach für ein Gläschen Gelee verlangen? Denkt an die Gläschenpreise aus Aufgabe A!

5. Allerlei aus dem Wald

• **Jahrringe**

Euer Lagerplatz ist umgeben von Buchen, Fichten und Tannen. Sucht einen Baum aus und schätzt, wie alt der ungefähr sein könnte. Begründet eure Schätzung.

Jahrringe.

- **Alter**

Sucht einen Baumstrunk und zählt die Jahrringe. Was stellt ihr fest? Vergleicht den Umfang von eurem Baum und den Umfang vom Strunk. Habt ihr einigermassen gut geschätzt?

- **Waldfläche**

Messt mit Meterschritten ein Waldstück von rund 50 mal 50 Metern ab. Schätzt, wie viele Bäume auf dieser Fläche stehen. Könnt ihr sie zählen? Gibt es ein System, um das möglichst einfach und genau zu tun? Diskutiert.

PRAKTISCHES

• **Holzpreis**
Aus einer Tanne kann der Waldbesitzer im besten Fall 5 Kubikmeter gutes Holz gewinnen und verkaufen. Der Waldbesitzer bekommt für den Kubikmeter Holz von sehr guter Qualität vielleicht Fr. 150.- Wie viel bekäme er insgesamt?

• **Gewinne und Margen**
Überlegt: Kann der Waldbesitzer dieses Geld einfach behalten? Oder muss er damit etwas bezahlen? Was? Zählt auf und schätzt, was am Ende dem Waldbesitzer noch übrig bleibt. Nehmt nun eure Waldfläche (50 mal 50 m) und schätzt, wie viel Wert diese Fläche/das Holz darauf ungefähr haben könnte.

• **Preiseinbruch**
Kennt ihr Gründe, warum der Holzpreis momentan sehr tief ist? Diskutiert!

• **Distelfink**
Der Distelfink frisst gerne Samen von verblühten Stauden und Disteln. Auf einer roten Kratzdistel finden die Vögel rund 6000 Samen. Wenn 12 Vögel gleichmässig von einer Distel fressen – wie viele Samen bekommt dann jeder einzelne Distelfink?

Lärchenzapfen im Herbst: Dekorativ und ideale Gegenstände zum Rechnen und Werken.

• **Distelsamen**
Auf einer Waldlichtung stehen 15 Kratzdisteln. Ein Windstoss bläst gleichzeitig alle Samen weg. Die Samen fliegen davon. Wie viele Samen sind in der Luft unterwegs?

• **Hungrige Welpen**
Bei Familie Fuchs schlummern im Bau fünf kleine, hungrige Welpen. Jeder Welpe möchte pro Tag gerne 200 Gramm Fleisch fressen. Wie viel Futter muss die Mama pro Tag/Nacht anschleppen, damit alle Füchslein genug bekommen?

• **Diebe**
Das fleissige Tierchen hat die Rechnung ohne den frechen Eichelhäher gemacht. Dieser klaut ihm nämlich total 225 Eicheln. Wie viele hat es noch?

• **Holzlager**
Jedes Mal, wenn wir in den Wald gehen, machen wir ein Feuer. Die Viertklässlerinnen sammeln Holz. Jede bringt 3 Zweige zum Anfeuern mit, 5 halbdicke Äste und 8 dicke Äste. Die Lehrerin sortiert das Holz und macht 3 Haufen: Anzündholz, halbdickes Holz und dickes Holz. Wie viele Stücke liegen am Ende auf jedem Haufen?

• **Mäusejagd**
Die Füchsin hat etwas Pech. Sie findet nur magere Mäuse, jede davon wiegt 150 Gramm. Wie viele Mäuse muss sie mindestens fangen, damit alle Kinder genug bekommen?

• **Wintervorrat**
Das Eichhörnchen ist fleissig und legt sich einen riesigen Wintervorrat an. Gleich 5000 Eicheln hat es gesammelt und an 250 verschiedenen Stellen vergraben. Wie viele Eicheln hat es pro Vorratskammer?

• **Verbrauch**
Ein Erstklässler kommt und wirft 2 Stück Holz ins Feuer, dann kommt ein anderer Erstklässler und wirft gerade 7 Stück ins Feuer. Wie gross ist der Gesamtvorrat jetzt noch? Die Lehrerin hat zum Anfeuern nämlich auch schon 5 Stück gebraucht.

• **Hunger**
Waldluft macht Hunger! Die Lehrerin hat 6 Kilogramm Linseneintopf gekocht. Die 15 Kinder essen alles auf. Wie viele Gramm hat jedes Kind durchschnittlich verputzt?

6. Zeit (Möglicher Einstieg)

• **Material**
Die LP hat eine Schnur von 6 Metern Länge und eine Schnur von 2 Metern Länge vorbereitet. Sie hat Filzstifte und Strassenmalkreide dabei und sucht mit den Kindern einen festen Platz (Wendeplatz im Wald, Waldstrasse etc.).

• **Chronos**
Die LP erzählt den Kindern ganz kurz die Geschichte des Chindlifressers Chronos (griechischer Titan, Vater des Götterkönigs Zeus). Chronos gilt als Herr über die Zeit. Darstellungen gibt es beispielsweise in Bern am Zytglogge-Turm und an diversen «Kindlifresserbrunnen» in Europa. Im Mittelalter begann man damit, Chronos mit Stundenglas (Vorläufer der Sanduhren) darzustellen.

• **Zeitbegriffe**
In die Einstiegsgeschichte rund um Chronos können ganz viele Zeitbegriffe versteckt werden. Die Kinder hören zu und versuchen danach, alle Zeitbegriffe zu finden (Vor vielen tausend Jahren, im Sommer, jeden Morgen und jeden Abend, stundenlang, Stundenglas, Herr über die Zeit etc.)

• **Zeitmessgeräte**
Die LP fordert die Kinder auf, ihnen bekannte Zeitmessgeräte zu nennen (Sonnenuhr = älteste Uhr, ca. 3000 v. Chr. in Ägypten, Wasseruhr, Feueruhr, Stundenglas/Sanduhr, Stoppuhr, Bahnhofsuhr, Armbanduhr, mechanische Uhr, digitale Uhr, Quarzuhr, Funkuhr etc.).

• **Eine Ewigkeit**
Die LP bittet die Kinder, in kleinen Gruppen Beispiele zu nennen, wann und warum wir Zeitmessgeräte brauchen, und bekannte Zeitbegriffe zu notieren (Tag, Monat, Woche, Jahr, Quartal, Semester, Ewigkeit, Stunde, Sekunde etc.)

• **24 Stunden**
Die gesammelten Werte werden im Plenum zusammengetragen, vorgestellt und diskutiert. Die LP weist insbesondere darauf hin, dass ein Tag 24 Stunden hat.

• **Schnur auslegen**
Die LP bittet ein Kind, in die Mitte zu stehen und die 2-Meter-Schnur zu halten. Mit Kreide und dem anderen Ende wird ein Kreis um das Kind gezogen. 3 bis 4 solche Kreise (je nach Klassengrösse) machen. Die LP for-

Kreative Darstellung einer Uhr, hergestellt von Erst- und Zweitklässlern.

dert die Kinder auf, den Kreis zu halbieren (halbe Stunde/ganze Stunde). Die LP fragt nach den Viertelstunden. Einige Kinder werden das anzeichnen können, andere nicht.

• **Zahlenstrahl**
Die LP legt darum die 6-Meter Schnur aus und bittet die Kinder, auf dem dadurch entstandenen «Zahlenstrahl» Halbe und Viertel mit einer Farbe zu markieren. Die Kinder sagen, wie lang diese Distanzen sind (immer 150 cm).

• **6 statt 10**
Die LP fragt, ob die Kinder vermuten, warum die Schnur 6 und nicht 10 Meter lang ist.

• **Einteilung**
Die LP bittet andere Kinder, auf dem Zahlenstrahl mit einer anderen Farbe jeweils zwischen die 150 cm 50 cm Abstände zu malen. Nun legen die Kinder die Schnur als Kreis. Die Viertelstunden sind jetzt in einer Farbe ablesbar, die 5 Minuten in einer anderen Farbe. Die Kinder übertragen die Markierungen der 6-Me-

ter-Schnur auf den Kreidekreis. Die LP diktiert Minuten, welche die Kinder suchen sollen. (Petra, hüpf auf 25 Minuten, Nils, hüpf auf 55 Minuten etc.) Die Kinder haben so die Möglichkeit, sich die Uhr zu verinnerlichen. Je nachdem können mit einer weiteren Farbe auch die Minuten markiert werden (10 cm)

- **Kinder-Uhrzeiger**

Kinder spielen Uhrzeiger. Ein grösseres Kind liegt von der Mitte aus und markiert den Minutenzeiger, ein kleineres Kind den Stundenzeiger. Die anderen Kinder «verschieben» die Kollegen vorsichtig und bestimmen die Zeit. Sie malen mit Kreide am Schnurrand die Stunden auf den Boden (1 bis 12 mit Gelb, 13 bis 24 mit Rot).

Handelndes Lernen kann auch so aussehen: Produkt aus einer Mathe-Lernzielkontrolle in der 2. Klasse.

- **Digitale Zeit**
Die LP nennt nun digitale Zeiten: 3:15, 6:20, 20:30 etc. Die Kinder zeigen die Zeiten auf den grossen Uhren.

- **Uhren basteln**
Die Kinder basteln aus einem grossen Ahornblatt oder einem Rindenstück, das sie zum Kreis schneiden, selber eine kleine Uhr.

Einfaches Beispiel zur Anwendung der Zeit in der Natur
- Igel machen einen Winterschlaf. Igel Ingeborg ist am 19. November endlich eingeschlafen und erst am 2. April wach geworden. Wie viele Tage hat sie geschlafen?

- Ihre beiden Jungen schliefen zwei Wochen früher ein. Wann war das?

- Das Eichhörnchen macht eine Winterruhe. Jeden dritten Tag huscht es aus seinem Kobel, um in seinen Verstecken etwas zu fressen zu suchen. Vom 1. Dezember bis 15. Februar hält diese Winterruhe an. Wie oft verlässt es den Kobel in dieser Zeit?

- Frau Specht hat 5 Eier in ihre Bruthöhle gelegt. Sie sitzt genau 21 Tage auf den Eiern, bis die Jungen schlüpfen. Wie viele Wochen sind das?

- Die Lehrerin schickt euch um 9.45 Uhr los, um einen Auftrag zu lösen und einen Waldtagebucheintrag zu schreiben. Sie sagt, dass um 11.30 Uhr alle wieder beim Lagerfeuer sein müssen. Wie lange dürfen die Kinder unterwegs sein?

- Bäume bekommen im Frühling frisches Laub und werfen es im Herbst ab. Wie viele Jahreszeiten sind sie mit Laub bestückt?

- Dachse verlassen ihren Bau nur nachts. Sie machen sich um 22.15 Uhr auf die Jagd und schlüpfen um 4.45 Uhr wieder in den Bau. Wie lange sind sie unterwegs?

- Die Füchse verlassen den Bau eineinhalb Stunden früher als die Dachse und kommen am Morgen erst um 6 Uhr zurück. Wie lange sind die unterwegs?

PRAKTISCHES

7. Formen, Figuren und Körper

Hier geht es vor allem darum, mit offenen Augen allerlei Formen, Figuren und Körper zu sammeln. Die Kinder sortieren die geometrischen Formen, vergleichen. Auf den ersten Blick werden sie vor allem Kreise und Zylinder finden. Beim genauen Hinschauen werden zum Beispiel in einer runden Blume dreieckige Blütenblätter, auf einer Bienenwabe Sechsecke oder auf der Blattunterseite Vierecke sichtbar. Die Formen der Natur sollen ertastet, durchgepaust, abgezeichnet, sortiert, verglichen und dokumentiert werden. Der Zugang zu den abstrakten geometrischen Formen im Math-Lehrmittel wird dadurch wesentlich einfacher.

8. Brüche

Vor allem rund ums Kochen am Lagerfeuer lassen sich auch Brüche (Zyklus II) thematisieren. Auch hier kann die LP mit einer Nonsens-Geschichte ins Thema einleiten und schauen, was die Kinder alles mitbekommen. Die Wasserflaschen sind halb voll, halb leer, es braucht ein-

Die schönsten Farben, Formen, Muster und Figuren findet man in der Natur. Wildbiene auf Kugelblume.

einhalb Zwiebeln für den Eintopf, drei viertel Liter Wasser und einen halben Löffel Salz. Das Stockbrot ist runtergefallen und gebrochen. Jetzt liegt es in drei Teilen auf dem Boden. Aus Baumblättern könnten aber auch Puzzles geschnitten werden – in sechs Teile, in zehn Teile etc. Die Kinder setzen die Blätter zusammen und versuchen herauszufinden, von welchem Baum sie stammen. Das Brennholz wird in Feuerstellenlänge gekürzt (gebrochen oder zersägt). Aus einem Ast müssen darum zwei, drei, vier oder gar fünf Teilstücke gesägt werden.

Deutsch und andere Sprachen

In der Natur vernehmen wir zahlreiche Laute. Sanft, flötend, singend, krächzend, brüllend, hektisch, warnend: Jedes Lebewesen hat seine «Sprache». Und damit haben Kinder und ihre Begleiter einen Aufhänger, um Sprachen zu vertiefen. Die Möglichkeiten sind gross.

Klare Regeln und klare Kommunikation

Mit Kindern in der Natur unterwegs sein oder gar einen ganzen Tag im Wald zu verbringen, erfordert nicht nur eine mutige Organisation, sondern auch eine klare Kommunikation mit ebenso klaren Verhaltensregeln.

Stare in Tonleiterformation.

Gerade Klassen, die vielleicht einen ganzen Morgen mit Aufträgen im Wald beschäftigt sind, müssen ihre Grenzen kennen (bis zum Waldrand, bis zur Strasse, bis zur grossen Eiche etc.). Mit kleineren Kindern empfiehlt es sich, das Revier, in dem sie unterwegs sein dürfen, abzustecken resp. zu markieren. Man darf aber nicht einfach so Dinge an Bäume heften oder gar nageln. Auch Bänder sind nicht gut, weil der Wind sie lösen und Wildtiere sich darin verheddern können. Ich kreuze die Grenzbäume mit Kreide an – muss das dann halt immer wieder mal wiederholen – dafür schädige und tangiere ich die Natur nicht.

Haben die Kinder also ein relativ grosses Revier, in dem sie unterwegs sein dürfen, muss die Erreichbarkeit gewährleistet sein. Die Stimme reicht dazu nicht mehr aus. Eine laute Pfeife (ich benutze die Hundepfeife, weil mein Border Collie auch immer mit uns unterwegs ist) genügt, um alle Kinder mit einem Ton zu erreichen. Sie wissen: Wenn die LP pfeift,

3 PRAKTISCHES

müssen wir zurück zum Lagerplatz. Bei kleineren Spielwiesen reicht es, wenn die Kinder aus Fundstücken in der Natur beim Lagerplatz einen Gong basteln.

Das alleine reicht aber nicht aus, um die Kommunikation aufrechtzuerhalten. Die Kinder kennen Regeln, die auf jeden Fall eingehalten werden müssen. Die wichtigste ist: Es

- *Kein Kind ist alleine unterwegs*
- *Grenzen des Areals respektieren*
- *Keine Lebewesen schädigen (keine Nester und dergleichen zertrampeln, keine Bäumchen knicken oder ausreissen oder gar umsägen etc.)*
- *Keinen Abfall liegen lassen*
- *Nichts in den Mund stecken, was nicht von der LP freigegeben wurde*
- *Rund ums Lagerfeuer nicht rennen und schubsen*

Hier haben Kinder eine Grenze markiert.
Links: «Kein Kind alleine!», sagt diese Darstellung der Kinder aus.

sind immer mindestens zwei Kinder zusammen unterwegs – kein Kind wird alleine gelassen.

Am Anfang unserer Naturstreifzüge wurden darum ein halbes Dutzend Regeln (mehr braucht es nicht – dafür sollen die konsequent umgesetzt werden) definiert.
Stehen diese Regeln, geht es darum, dass die Kinder sie verinnerlichen können. Auch das geht am besten handelnd. Ohne Hilfsmittel hat eine Klasse sich dazu entschieden, die Regeln bildlich darzustellen. Fundstücke aus dem Wald wurden in Gruppen zu einfachen, aber wirkungsvollen Piktogrammen (siehe Fotos) zusammengefügt. Jede Darstellung wurde in der Folge von der ganzen Klasse besucht, diskutiert und fotografiert. So fanden die Regeln ihren Weg auch ins Waldtagebuch, wo sie immer wieder in Erinnerung gerufen werden können. Obwohl es sich bei diesen Ausführungen primär auch um Organisato-

risches handelt, so ist es eben doch auch ein Thema aus der Sprachwelt: Wie verständigen wir uns? Wie schaffen wir mit unseren Aussagen Klarheit? Das ist das Grundlegendste überhaupt in Sachen Kommunikation. Die meisten Aufträge erhalten meine Kinder auch draussen schriftlich. In den Gruppen (oft sehr unterschiedliche Niveaus) werden sie so «gezwungen», laut zu lesen, damit alle im Team wissen und verstehen, was der Auftrag ist. Im Eifer einer Gruppenarbeit, eines zu lösenden Rätsels oder eines kleinen Wettkampfs wirkt die Aufgabe, etwas zu lesen, weniger künstlich als «Vorleseaufträge» im Klassenzimmer. Jeder Leseanlass ist wichtig und gut. Dazu mehr im folgenden Kapitel.

Männlicher Buchfink auf Eberesche.

Der Naturbriefkasten

Kinder brauchen Lese- und Schreibanlässe. Je spannender, desto besser. Warum also nicht einen Naturbriefkasten einrichten? Dort deponieren alle «Kreaturen» aus der Natur, also Feen und Hexen, Zwerge und Wichtel, Fuchs und Hase, Adler und Specht oder auch bloss die unscheinbare Flechte oder der verführerische Fliegenpilz ihre Botschaften an die Kinder – diese wiederum antworten den Absendern. Zu viel Aufwand für eine LP? Ja, gewiss, das Naturbriefkasten-System funktioniert nicht von alleine. Aber stellen Sie sich vor, wie viel Aufwand Sie sonst betreiben, um Kinder zu freudvollem Lesen und Schreiben zu bringen. Zudem lassen sich wieder ganz viele Inhalte, die vielleicht in einem anderen Fach gerade gelernt werden sollten,

unter Kollegen, Freunden und Eltern schreiblustige Menschen, die mithelfen, die kreative Post zu verfassen. An der Schulschlussfeier kann die Post beispielsweise ausgestellt oder zum Jahresrückblick in Sketche verwandelt werden.

Fragen an den Einsiedler

Bei regelmässigen Gängen in die Natur ist es schön, wenn Kinder die Möglichkeit bekommen, sich einen Lieblingsplatz zu suchen. Für solche Anlässe darf die Regel «Kein Kind alleine unterwegs» aufgehoben werden, wenn das Areal für die LP überschaubar bleibt. Die Kinder haben also ihren Lieblingsplatz (am Waldrand, unter dem Haselstrauch, auf dem Strunk der alten Tanne etc.). Sie erhalten den Auftrag, eine halbe Stunde oder sogar länger an diesem Lieblingsplatz zu verweilen. Es ist verboten, mit anderen zu plaudern oder sonst zu lärmen. Jeder sitzt für sich und horcht. Horcht, schaut, fühlt und riecht, was er in seiner Einsiedelei alles wahrnimmt: das leise Lüftchen, den moosigen Geruch, das Rascheln im Laub und so weiter. Nach einer definierten Zeit kehren die Kinder zum Lager zurück und es wer-

elegant verpacken. Und stellen Sie sich vor, wie Kinderaugen leuchten, wenn sie vom Wurzelkönig oder vom Moosprinzen persönlich Post erhalten. Natürlich müssen die Inhalte/Absender dem Alter der Kinder angepasst werden. Ende des Zyklus II ist es vielleicht eher das Nordlicht oder der Südwind, der römische Bote oder der mittelalterliche Landvogt, der sich bei den Kindern meldet. Und vielleicht finden sich

PRAKTISCHES

den die Fragewörter geübt – und bei älteren Kindern auch die vier Fälle:

- Wer sass am nächsten bei dir?
- Wem bist du begegnet?
- Wen hast du gehört?
- Was hast du gemacht?
- Wieso ist dein Hosenboden schmutzig?
- Weshalb hast du grüne Flecken an den Knien?
- Warum hast du Laub in den Haaren?
- Wo liegt dein Platz?
- Wie weit musst du gehen, bis du deinen Platz erreichst?

Natürlich funktioniert diese Übung auch auf Englisch oder Französisch!

Wir debattieren über Kuriositäten und Fakten

Debattieren, argumentieren, formulieren, Sätze bilden, das sind wichtige Eckpfeiler jedes Spracherwerbs. Es lohnt sich, regelmässig (wöchentlich) oder gar täglich eine kurze Sequenz einzuplanen. Draussen in der Natur eignen sich Besonderheiten und Kuriositäten sowie schräge Fakten aus der Tier- und Pflanzenwelt ganz besonders, um eine kurze, präzise Debatte (bei älteren Kindern) oder eine «ganze Sätze bilden»-Übung für kleinere Kinder zu generieren. Die LP gibt als Input lediglich eine Kuriosität preis, die stimmt oder nicht stimmt. Nachfolgend eine Reihe Beispiele (die alle stimmen):

LP: Ich behaupte, dass ...

... Rehe den giftigen, berauschenden «Grünblättrigen Schwefelkopf» (Pilz) fressen, um weniger Geburtswehen zu haben. Glaubt ihr das? Wenn ja, warum? Wenn nein, warum nicht?

... der Mäusebussard mit seinen Augen sieht, wo der Urin der Nager/Mäuse leuchtet/reflektiert, und so viel erfolgreicher jagen kann.

... ein Fuchs pro Jahr bis zu 3000 Mäuse frisst.

... Baumwurzeln wie ein Schwamm Wasser sammeln und dieses erst bei grosser Hitze wieder abgeben.

... Weinbergschnecken ihren After neben dem Luftloch (Nasenloch) haben.

... Hummeln zu den fast einzigen Insekten gehören, die Klee bestäuben.

... der Aronstab mit einem stinkigen Aasgeruch Fliegen in die Falle lockt und sie dort mehrere Tage gefangen hält, damit sie voll werden von seinem Blütenstaub und diesen – zurück in der Freiheit – verbreiten.

Junge Hausrotschwänze mit den gelben «Signalschnäbeln».

PRAKTISCHES

... der Vogel «Neuntöter» auch Serienkiller genannt wird, weil er seine Beute in Reihen auf Dornen steckt.

... ein Meisenpaar seinen Jungen täglich bis zu 1000 Mahlzeiten serviert.

... Vögel eigentlich die Erfinder der Windelhöschen sind.

... Rotkehlchen Einzelgänger sind.

... der Löwenzahn das Kampfgas Ethen/Ethylen verbreitet, um andere Pflanzen zu verjagen.

... Feldmäuse oft nur ein Jahr alt werden – in dieser Zeit aber bis zu 60 Junge gebären.

... Feuerwanzen immer dort sind, wo es am wärmsten ist.

... junge Vögel gelbe Schnäbel haben, damit die Eltern das Signal sehen und wissen, wohin sie die Nahrung stopfen müssen.

... Vogelartige gerne im Sand baden, um Parasiten loszuwerden.

... Lokomotiven die Fastfood-Kette für Spatzen sind.

Vielleicht finden die Kinder mit der Zeit eigene Beispiele – direkt in der Natur oder in Büchern, dem Internet etc. Dann dürfen sie die Behauptung aufstellen und die Debatte/Diskussion leiten.

Absolute Einzelgänger: Die Rotkehlchen.

Grünblättriger Schwefelkopf: Wehenmittel der Rehgeissen.

Wistel und Wastel in der eigenen Märchenwelt

Hohle Baumstämme, weiches Moos, verwunschene Sträucher, Nebel, verzweigte Wurzelsysteme: Gerade im Wald wimmelt es von mystischen Erscheinungen und Orten, die Kinder zum Fantasieren und Dichten anregen. Als mein Sohn im Vorschulalter war, entdeckten wir die Höhle von Wistel und Wastel (spontane Fantasienamen). Über Jahre hinweg begleiteten die beiden uns in unserer Fantasie und auf jedem Waldspaziergang. Mal zogen sie mit uns in unser Haus – dann brachten wir sie wieder zurück in ihren Zauberwald. Abends im Bett spannen wir die Geschichten weiter – oft auch in Standardsprache. Genau solche natürlichen «Lernumgebungen» für Dichter finden sich in der Natur überall. Wahrscheinlich braucht es erst einen Input von der LP – aber mit der Zeit werden solche Sprachspielereien zum Selbstläufer.

PRAKTISCHES

Ganze Märchen können so erzählt und niedergeschrieben werden. Natürlich ist es auch möglich, die Märchenwelt mit Material aus der Natur auszubauen, Türen und Fenster zu basteln im Wurzelhaus, Leitern zu knüpfen, Moosbetten zu bauen. Die LP hat auch die Möglichkeit, jedes Mal eine kleine Veränderung zu machen beim Haus von Wistel und Wastel oder wie die Protagonisten dann heissen sollen – und jedes Kind wird dann aufgefordert, einen vollständigen Satz zu bilden, der die Veränderung oder den Einfluss auf das Leben der Fantasiewesen beschreibt.

Figuren aus dem Filzatelier in Biembach.
(Archiv Landverlag)

Auch Grammatik geht im Wald

Lesen, sprechen, schreiben gehen leicht in der Natur. Aber wie ist das mit der Grammatik und der Rechtschreibung, der Syntax oder dem Lesenlernen bei den ganz Kleinen? Ja, auch das geht. Spielerisch, mit allen Sinnen. Die Arbeitsblätter im Klassenzimmer dienen zur Vertiefung. Hier einige Ideen:

- **Sammelkörbe/Fundgruben**

Die Kinder bauen mit Naturmaterial beispielsweise sechs kleine Hüttchen oder sie finden nahe beieinanderliegende Wurzelstöcke oder die LP hilft mit, aus Weiden sechs kleine Körbe zu flechten. In jeden Korb/ auf jeden Strunk kommen in der Folge Sammelstücke aus dem Wald. Grosses Sammelgut kann natürlich nicht transportiert werden – es wird abgezeichnet und das Notizblatt als Stellvertreter in die Sammlung gelegt, oder von der Tanne oder der Hecke kommt nur ein Zweiglein mit. Es gibt zum Beispiel folgende Sammelorte: Wörter mit h/ie/Doppelvokal (Dehnung) und Wörter mit Doppelkonsonanten/ck/tz nach Vokalen (Schärfung), Wörter mit Vokal und Konsonant etc. Die Kinder beschriften die Sammelorte mit Kreide, sortieren die Fundstücke jeweils und bringen sie zum richtigen Sammelort. Beispiele: Lehm, Nuss, Blatt, Pilz, Fliege etc. In diesen Fundgruben kann dann immer wieder gestöbert werden. Zurück im Klassenzimmer können die Kinder versuchen, sich an die Sammlungen zu erinnern und die Wörter aufzuschreiben (erweitertes Wanderdiktat).

- **Baumstämme und Wortstämme**

Das Thema Wortstamm ist ein nie enden wollendes Thema im Deutschunterricht. Warum schreibt man Bäuerin und nicht Böierin oder Beuerin? Solche Fragen treiben die Kinder bis weit in den Zyklus II und oft auch darüber hinaus immer wieder um. In den Sprachlehrmitteln wird das Thema Wortstämme oft mit Baumstämmen/Bäumen dargestellt. Die Bäume gibt es in der Natur gratis als Übungsort. Man sucht einen Platz, wo möglichst viele Bäume dicht beieinanderstehen und der Boden kaum bewachsen ist, damit man gut hin- und herrennen kann. Auf jeden Baum wird mit Strassenmalkreide ein Wortstamm geschrieben (BAU/ KAUF/DURST/GLÜCK/WUT/HOF

Der kleine Vogel hat seinen Namen erhalten, weil er ihn selber ruft: Zilpzalp.

etc.) Die LP diktiert nun ganz viele Wörter – die Kinder suchen den jeweiligen Stamm auf. Variante schriftlich: Die Kinder suchen zu jedem Stamm eigene, passende Wörter und schreiben diese auf einen Zettel oder ins Waldtagebuch.

- **Zusammengesetzte Wörter (Nomen)**

Auch hierzu gibt es in der Natur jede Menge Beispiele, welche die Kinder sammeln und sortieren können.
BAUM: STAMM – BLATT – HAUS – RINDE – WURZEL – STRUNK etc.
Wer findet am meisten Beispiele?

PRAKTISCHES

- **ABC-Suche**

Für Kinder im Zyklus I ist es spannend, sich in der Natur auf ABC-Suche zu begeben und Gegenstände mit dem gesuchten Buchstaben oder Anlaut anzukreuzen (Kreide). LP fragt: In welchen Wörtern kommt ein A vor? Die Kinder machen sich auf die Suche und markieren BAUM, LAUB etc. Die LP kann aber auch fragen: Welches Wort beginnt mit B? Die Kinder markieren BUCHE, BODEN, BACH, BLATT etc. Oder: Suche Wörter, die mit demselben Anlaut beginnen.

- **Welche Farbe hat das Nomen/ Verb/Adjektiv?**

Die Kinder suchen im Wald drei farbige Platzhalter für die Nomen (z.b. Haselnuss = braun), Verben (Heidelbeere = blau) und Adjektive (z.b. gelbes Blatt oder gelbe Blume). Die Kinder sind nun im Kreis. Die LP gibt erst die Nuss in den Kreis. Diese wird kreuz und quer weitergegeben. Wer sie in den Händen hat, sagt ein Nomen. Die LP gibt eine weitere Nuss dazu und beschleunigt so den Prozess, dann kommt eine Beere dazu, später ein Blatt. Schaffen es die Kinder noch, immer zu ihrer Farbe, die sie grad in den Händen halten, ein Beispiel zu machen. Sehr anspruchsvoll, auch für grössere Kinder. Aber lustig und sehr konzentrationsfördernd. Verschärft kann das Ganze werden, wenn die Nomen (Grossschreibung) aufstehen müssen, die Verben und Adjektive (Kleinschreibung) in die Hocke gehen.

- **Tierlaute und unsere Laute (Wie spricht der Eichelhäher?)**

In der Natur sind Tierlaute zu vernehmen. Die Kinder sammeln diese und vergleichen sie. Sie konzentrieren sich auf die Stimme eines einzigen Tieres und versuchen, die verschiedenen Variationen der Laute zu unterscheiden. Was könnte wie gedeutet werden? Die Kinder erfinden eigene Lautsprachen (Geheimsprachen). Schaffen sie es, damit Botschaften zu übermitteln? Worauf muss geachtet werden (Deutlichkeit, immer gleiche Elemente, Lautstärke etc.)?

Ein Paradebeispiel, um Kommunikation zu erforschen, ist der Eichelhäher. Er ist der grosse Verräter in der Natur und fast überall anzutreffen. Sein krächzender (Rabenvogel) Ruf ist allen Natur- und Waldbewohnern bekannt. Und ihm entgeht nichts. Droht «Gefahr», wird er laut und deutlich – und alle Bewohner ringsherum wissen: Achtung, da kommt jemand. Die Kinder versuchen, einen Eichelhäher zu beobachten respektive ihm zuzuhören. Kann er auch andere Laute als «warnen»?

Auch Amseln besitzen ein schönes Repertoire, um herauszufinden, wann sie wem was erzählen. Können die Kinder die Codes knacken? Auch diese Vögel sind fast überall anzutreffen.

Vielleicht vernehmen die Kinder sogar mal das «Bellen» eines Rehs. Diese Warnrufe von Müttern mit Kitz oder von Böcken auf Brautschau, von mehreren Tieren, die versuchen, ein Raubtier zu verwirren, oder von Tieren, die sich vor Parasitenbefall warnen, hallen in der Tat wie Hundegebell durch den Wald. Je älter das Tier, desto tiefer das Gebell – sagt man.

(Als Geschichte zum Thema Tierstimmen eignet sich wunderbar der Anfang des Buches «Dr. Dolittle und seine Tiere» von Hugh Lofting. Der kauzige Tierarzt erlernt nämlich mit Hilfe seiner Tierfreunde alle Tiersprachen.)

In Anlehnung an die Tiersprachen suchen die Kinder Laute aus unserer Sprache, die Tierlauten ähneln.

Silben trommeln:

Kleinere Kinder waren vielleicht schon unterwegs, um Gegenstände mit bestimmten Anlauten zu finden. Als nächste Stufe auf dem Weg zum Lesen und Schreiben befassen sie sich mit der Silbe, grössere auch mit dem Morphem (Unterschied: Silben haben nicht immer eine Bedeutung. Ein Morphem aber ist die kleinste lautliche Spracheinheit mit Bedeutung und hat bei jeder Anwendung immer wieder dieselbe Bedeutung.) Siehe auch Wortstamm.

Die Kinder können die gefundenen Gegenstände also «zerlegen», die Silben mit einem Ast an den Baum klopfen etc.

- **Direkte Rede**

Direkte Rede. So einfach – sollte man meinen. Für Kinder aber oft ein Buch mit sieben Siegeln. So habe ich angefangen, Auslegeordnungen zu machen auf dem Boden mit geraden Zweigen und wellenförmigen Zweigen, mit Nüssen als Doppelpunkt und Tannzapfen als Anführungszeichen und Kommas. Manchmal habe ich «ganze» Kinder in Anführungszeichen und Doppelpunkte verkleidet oder so beschriftet – und die Klasse immer wieder in Sätzen hinstehen lassen. Und plötzlich hatte ich den Eindruck, dass sich das Bewusstsein ein klein wenig geschärft hatte. Ob es der Akt der Handlung war oder doch eher das wiederholte Üben: Das kann ich bei diesem Thema nicht mit Sicherheit sagen. Die Satz-Bauerei mitten mit Wald hat aber auf jeden Fall Freude gemacht und zumindest das Thema blieb bei allen hängen. Rund die Hälfte der Kinder (4. Klasse) wendete das Gelernte danach relativ konsequent an.

• **Eichel-Memory**
Eicheln und ihre hübschen Hütchen/ Kappen sind wunderbare Dinge, um zu basteln, zu zählen, zu spielen. Im Deutsch kann man mit den Eichelhütchen lustige Memorys herstellen. Die Kinder sammeln die Hütchen und färben das Innere mit wasserfestem Filzstift. Immer zwei Hütchen bekommen dieselbe Innenfarbe, so dass Paare entstehen, die es braucht, um Memory zu spielen. Nun bekommt immer ein Hütchen pro Paar mit Stift ein ck, k, s, ss, m, mm, ie, ieh etc. Die zweite Hälfte des Paars mit derselben Farbe bleibt leer. Jetzt spielen die Kinder Memory. Wer beispielsweise die beiden grünen Kappen aufdeckt, hat u.U. ein ck darin versteckt. Bevor das Kind das Memory-Paar nehmen darf, muss es ein ck-Wort sagen etc.

Sie fragen sich jetzt vielleicht: Was soll das? Das kann ich auch alles im Schulzimmer machen. Gewiss. Der positive Effekt des Draussenseins, der frischen Luft, der dadurch erhöhten Konzentration, der Bewegung, des Beobachtens, Handelns, Aktivseins etc. wird bei solchen Lerneinheiten verstärkt. Und darum lohnt es sich!

Die Hütchen der Eichelnüsse lassen sich vielfältig einsetzen.

PRAKTISCHES

Eine verblühte Pflanze im Hochmoor – oder eine verwunschene Fee? Streifzüge durch die Natur regen die Fantasie an.

Musische Fächer (Sport/Gestalten/Werken)

Bewegung, Kreativität und Beobachtungsgabe lassen sich draussen am besten schulen. Die Natur ist ein Kunstwerk. Als Sportanlage aber soll sie darum mit Achtsamkeit benutzt werden!

Wo endet der Weg?

Eine sportliche Herausforderung für ältere Kinder: In Gruppen wird ab Lager ein definiertes Ziel (Hügel gegenüber, Sportplatz XY oder was auch immer) in Angriff genommen. Allerdings nicht entlang von Wegen. Ziel ist es, dass die Kinder als Wild (Rehe/Hirsche) unterwegs sind und möglichst zusammenhängende Strecken finden müssen, die geschützt sind (Wald, Hecken), weil Strassen fürs Wild (und in dem Fall auch für die Kinder) zu gefährlich sind. Schaffen sie das? Wie grosse Umwege müssen sie in Kauf nehmen? Wo lauern Gefahren? Wann muss das Wild auf dem offenen Feld flüchten? Warum? Mit welchen Folgen? Was könnte Abhilfe schaffen? Wer schafft es als erste Gruppe zum Ziel? Mit dieser Übung wird nicht nur die Fitness trainiert. Sie soll auch sensibilisieren, wer welche Lebensräume nutzt und oder brauchen würde.

WaldART

Die Natur/der Wald ist voll von Blüten, Blättern, Zweigen, Moosen, Flechten, Steinen, Federn und Rinden. Das ideale Material, um der Kreativität freien Lauf zu lassen, sich in die Materialien hineinzuversetzen und in aller Stille und Konzentration Bilder entstehen zu lassen, deren Schönheit und Vergänglichkeit gleichgültig sind. Umgang mit dem Sackmesser, der Säge werden hier geübt – aber auch Motorisches, Koordination und Geschicklichkeit werden bei solchen kreativen Spielereien trainiert.

Steinzeitolympiade

Pfeil und Bogen basteln, Speere entwerfen, Hindernisläufe bauen, balancieren, Steinstossen, Steine rollen: Aus wissenschaftlich nachgewiesenen und angenommenen Disziplinen

PRAKTISCHES

Aus Pflanzenteilen, Rinden und anderen Fundstücken lassen sich die lustigsten Bilder gestalten. *(Desirée Altenburger)*

lässt sich in der Natur eine spannende Steinzeitolympiade machen. Wer fächerübergreifend arbeitet: Die Kinder müssen definieren, was wie gemessen und bewertet wird, müssen die Posten betreuen – und landen, ohne es zu merken, mitten in der Mathematik.

Mobile aus Naturmaterialien, hergestellt von einer Zweitklässlerin.

Nachwort

In den letzten drei Jahren habe ich immer wieder ein wenig an diesem Buch gearbeitet. Und mitten im Prozess, da wir es endlich fertigstellen wollten, kam die Corona-Krise. Sie traf den wunderbaren Illustrator Andrea Modesti aus Pavia (Norditalien) um ein x-Faches stärker als mich. Und bei allem, was da so war, bei allem, was da so diskutiert, veranlasst, bezweifelt und hinterfragt worden ist, lässt sich mit Bestimmtheit sagen: «Bildung» und «Bildung in der Natur» sind dadurch noch viel wichtiger geworden.

Wissen um die Natur hat an Ernsthaftigkeit gewonnen: Wie leben wir? Was tun wir mit unserer Umwelt? Wie gehen wir mit den Mitgeschöpfen um, die unsere Umwelt ausmachen? Wie steht es mit Abhängigkeiten? Mit der Globalisierung? Dies sind alles Fragen, die uns dieses Virus schmerzlich vor Augen geführt hat. Wollen wir den eingeschlagenen Weg wirklich so weitergehen – oder ist es an der Zeit, in Sachen Natur und Umwelt, in Sachen Konsum und Wegwerfmentalität nach neuen Konzepten zu suchen und diese dann auch konsequent umzusetzen?

Wann denn, wenn nicht bereits im Kindesalter, kann besser und erfolgreicher Nachhaltigkeit und Achtsamkeit im Umgang mit unseren Ressourcen gelehrt und gelernt werden! Aber nicht nur dieses Wissen ist grundlegend und wichtig: Die Art und Weise, wie wir persönlich mit solchen Krisen umgehen, ist ebenfalls von grosser Bedeutung. Ein inneres Gleichgewicht, ein gesundes Selbstvertrauen und ein noch gesünderes Vertrauen darauf, dass Krisen gemeinsam gemeistert werden können, sind matchentscheidend. Und das sollen Kinder genauso erfahren dürfen. Zuhause und im Unterricht! Es ist nicht von der Hand zu weisen, dass Kinder in kreativen Lernumgebungen besser lernen. Und es ist Pflicht der Erwachsenen, dafür zu sorgen, dass kein Kind unter Angst und Zwang lernen muss. Es ist unsere Pflicht, die Stärken der Kinder zu fördern und sie bei Schwächen bestmöglich zu stützen. Nur so erlan-

Ein Steinlesehaufen: Lebensraum für unzählige Kleintiere und Insekten und darum ein Muss in einer vielfältigen Landschaft.

gen sie die Reife, die ihnen hilft, eine Krise, wie Corona sie über die Welt gebracht hat, auszuhalten, zu meistern. Denn eines ist gewiss: Covid-19 ist nicht die einzige oder letzte grosse Herausforderung unserer Zeit und der Zukunft.